Arbeitskreis deutscher, österreichischer und schweizerischer Strafrechtslehrer

Alternativ-Entwurf Audiovisuelle Dokumentation der Hauptverhandlung (AE-ADH)

vorgelegt von

Felix Bommer | Albin Eser | Helmut Frister | Matthias Jahn | Heike Jung | Michael Lindemann | Bernd-Dieter Meier | Carsten Momsen | Rudolf Rengier | Kurt Schmoller | Carl-Friedrich Stuckenberg | Torsten Verrel | Thomas Weigend | Wolfgang Wohlers

Nomos

Die Open Access-Veröffentlichung der elektronischen Ausgabe dieses Werkes wurde ermöglicht mit Unterstützung durch die Rheinische Friedrich-Wilhelms-Universität Bonn.

Die Deutsche Nationalbibliothek verzeichnet diese Publikation in der Deutschen Nationalbibliografie; detaillierte bibliografische Daten sind im Internet über http://dnb.d-nb.de abrufbar.

1. Auflage 2022

Publiziert von
Nomos Verlagsgesellschaft mbH & Co. KG
Waldseestraße 3–5 | 76530 Baden-Baden
www.nomos.de

Gesamtherstellung:
Nomos Verlagsgesellschaft mbH & Co. KG
Waldseestraße 3–5 | 76530 Baden-Baden

ISBN (Print): 978-3-8487-7530-9
ISBN (ePDF): 978-3-7489-3379-3

DOI: https://doi.org/10.5771/9783748933793

Onlineversion
Nomos eLibrary

Vorwort

Der „Alternativ-Entwurf Audiovisuelle Dokumentation der Hauptverhandlung (AE-ADH)“ widmet sich erneut einem wichtigen strafprozessualen Thema. Er knüpft damit insbesondere an den vorletzten vom Arbeitskreis deutscher, österreichischer und schweizerischer Strafrechtslehrer (Arbeitskreis AE) vorgelegten „Alternativ-Entwurf Beweisaufnahme“ (GA 2014, 1–72) an. In dessen Mittelpunkt stand die Beweisaufnahme als Kernstück der Hauptverhandlung. Der AE-ADH legt nun den Fokus auf die Dokumentation der Hauptverhandlung. Sein Vorschlag der Einführung eines Videoprotokolls greift die über hundert Jahre alte Forderung nach einem Inhaltsprotokoll auf, das nach geltendem Recht bekanntlich nur in den Verfahren vor den Amtsgerichten zugelassen ist. Die Entwicklung der digitalen Aufzeichnungstechnik und deren wenn auch nur punktueller Einzug im Strafprozess haben dieser Forderung Nachdruck verliehen. Die rechtspolitische Diskussion hat inzwischen Fahrt aufgenommen: So hat eine vom Bundesministerium der Justiz und für Verbraucherschutz eingesetzte Expertinnen- und Expertengruppe zur Dokumentation der Hauptverhandlung eine umfassende Stellungnahme abgegeben. Die Hinwendung zur audiovisuellen Dokumentation der Beweisaufnahme hat Eingang in den Koalitionsvertrag 2021–2025 gefunden. Im Schrifttum mehren sich die Stimmen derer, die das reine Formalienprotokoll durch eine audiovisuelle Aufzeichnung der gesamten Hauptverhandlung ersetzt sehen wollen. In dieser sich verdichtenden rechtspolitischen Debatte legt der Arbeitskreis AE – seinem Arbeitsstil entsprechend – einen ausformulierten Gesetzesvorschlag mit Begründung vor.

Der Entwurf nutzt die Fortschritte der Technik für eine Optimierung der Verfahrensgerechtigkeit. Es lässt sich schließlich nicht bestreiten, dass trotz äußerster Konzentration und sorgfältiger Mitschrift die Gefahr des Informationsschwunds und der Fehlinterpretation auf Seiten des Tatgerichts besteht, eine Gefahr, die auch durch eine erweiterte Revision nicht gebannt werden kann. Ganz zu schweigen von den Hauptverhandlungen, die bei nachlässiger Protokollierung wegen der Erinnerungslücken bei den Verfahrensbeteiligten bezüglich des Verfahrensablaufs wiederholt werden müssen. Die Einführung des Videoprotokolls dient daher – das große Wort sei erlaubt – der Wahrheitsfindung, ja, sie ist hierzu zwingend erforderlich. Das Videoprotokoll ist überdies effizienter als das bisherige Protokollierungsregime.

Die Einführung des Videoprotokolls ist freilich keine punktuelle, nur die Hauptverhandlung betreffende Maßnahme. Sie hat Auswirkungen auf die Verfahrensstruktur insgesamt, namentlich auf das Verhältnis des Tatgerichts zum Revisionsgericht. Dies manifestiert sich in der Frage der Reichweite der Überprüfbarkeit des Videoprotokolls durch das Revisionsgericht. Hier gilt es auch, die gelegentlich geäußerte Sorge zu entkräften, dass das Revisionsgericht „sich ja nicht den ganzen Film der Hauptverhandlung anschauen könne." Der Entwurf sieht die Lösung in einer Kombination von technischen Gestaltungsmöglichkeiten (Stichwort: Markierung der betreffenden Abschnitte) mit einer Bindung des Revisionsgerichts an den diesbezüglichen Vortrag, was den Charakter des Revisionsverfahrens als Parteiverfahren unterstreicht. Im Übrigen schlägt der Entwurf einen prinzipiellen Technologiewechsel in der Protokollierung vor. Das heißt: Die audiovisuelle Dokumentation soll einheitlich bei allen Strafgerichten eingeführt werden.

Der Entwurf ist zwar nicht sehr umfangreich. Die Weichenstellungen, die er vornimmt, sind jedoch von ganz grundsätzlicher Bedeutung für die Struktur und das Erscheinungsbild des Strafprozesses. Es versteht sich, dass der Arbeitskreis sich gerade bei dieser Thematik von den einschlägigen Regelungen und Erfahrungen anderer Rechtssysteme hat inspirieren lassen. Unser Dank gilt in diesem Zusammenhang Frau Alicia González Navarro (Universität La Laguna), die den Arbeitskreis über das seit 2010 in Spanien praktizierte Modell der audiovisuellen Dokumentation ins Bild gesetzt hat. Danken möchten wir besonders auch Herrn Akademischem Rat Dr. Thomas Grosse-Wilde, der den Arbeitskreis durch zuverlässige Protokollierung in wertvoller Weise unterstützt hat.

Unser Dank gilt weiter dem Nomos-Verlag für die sofortige Bereitschaft, den „Alternativ-Entwurf Audiovisuelle Dokumentation der Hauptverhandlung (AE-ADH)" in sein Programm aufzunehmen, und die zügige Herstellung sowie der Rheinischen Friedrich-Wilhelms-Universität Bonn für die großzügige Förderung der Open Access-Publikation.

Bonn, im Juli 2022 *Die Verfasser*

Inhaltsverzeichnis

A. Einführung

Im deutschen Strafprozess werden, anders als in vielen ausländischen, insbesondere auch den meisten europäischen Rechtsordnungen und vor internationalen Strafgerichten, die Äußerungen in der Hauptverhandlung grundsätzlich nicht wörtlich festgehalten. Gemäß §§ 271 bis 273 StPO ist ein schriftliches Protokoll aufzunehmen, welches lediglich den Gang der Hauptverhandlung und die Beachtung aller wesentlichen Förmlichkeiten dokumentieren soll. Ausnahmsweise und nur vor den Amtsgerichten, also gerade nicht in Verfahren wegen schwerer Straftaten, kann gemäß § 273 Abs. 3 StPO ein Vorgang oder der Wortlaut einer Aussage vollständig schriftlich oder als Tonaufzeichnung protokolliert werden, wovon die Praxis indes kaum Gebrauch macht. Seit 2017 gestattet § 169 Abs. 2 Satz 1 GVG Tonaufnahmen von Gerichtsverhandlungen für wissenschaftliche und historische Zwecke, für eine verfahrensinterne Verwendung stehen diese Aufzeichnungen aber nicht zur Verfügung. Seit 1998 wird zunehmend an anderen, vereinzelten Stellen des Strafverfahrens der Einsatz von Videotechnik ermöglicht oder vorgeschrieben wie bei Vernehmungen von Zeugen und Beschuldigten, vgl. §§ 58a, 247a, 254, 255a StPO, zuletzt § 136 Abs. 4 StPO.

Im geschichtlichen Rückblick bewegt sich die Dokumentation der gerichtlichen Beweisaufnahme im deutschen Strafprozess zwischen zwei Extremen: Im gemeinrechtlichen Prozess war jahrhundertelang das artikulierte Gebärdenprotokoll vorgeschrieben, in dem nicht nur Aussagen wortgetreu festgehalten wurden, sondern auch alle sonstigen Regungen des Inquisiten oder Zeugen (Art. 71 CCC). Nötig war dies vor allem in den Fällen der Aktenversendung, in denen die Urteiler die Beweismittel nicht selbst wahrnahmen, sondern allein auf Grundlage der Akten entschieden. Der reformierte Strafprozess der StPO ersetzte dieses schriftliche Verfahren durch die mündliche, unmittelbare Beweisaufnahme, aus deren Inbegriff das Gericht seine Überzeugung frei von gesetzlichen Beweisregeln schöpft. Der Gesetzgeber des 19. Jahrhunderts hatte kurze Verfahren vor Augen; Verhandlungen von mehr als zwei Tagen Dauer galten damals schon als „Monstre-Prozesse". Folglich bedurfte es zur Unterstützung der Wahrheitsfindung keines Protokolls mehr, sondern man brauchte es nur noch, um das Urteil im Rechtsmittelzug und die Neuheit von Tatsachen oder Beweismitteln in der Wiederaufnahme prüfen zu können. Auch zur

Entlastung des Berufungsverfahrens sollte auf protokollierte Aussagen zurückgegriffen werden können. Für die Revision *in iure* bedurfte es nur eines Protokolls des äußeren Ganges der Verhandlung, da der Reichsjustizgesetzgeber eine kassatorische Kontrolle der Tatfrage nicht für möglich hielt. Das Formalienprotokoll wurde mit absoluter Beweiskraft (§ 274 StPO) ausgestattet, weil man davon ausging, dass Vorgänge der Hauptverhandlung später nicht mehr verlässlich bewiesen werden könnten, was zu missbräuchlichen Revisionen einlade. Bis heute fehlt in der StPO, anders als in allen anderen deutschen Verfahrensordnungen, ein Protokollberichtigungsverfahren. All diese Regelungen stellen jedoch keine zwingenden Konsequenzen der Einführung des reformierten Strafverfahrensmodells dar; manche Partikularrechte des 19. Jahrhunderts kannten sowohl stenographische Mitschriften als auch Protokollberichtigungsverfahren und kamen ohne Beweisregeln aus.[1]

Die Ausgestaltung des Hauptverhandlungsprotokolls ist eng verzahnt mit den Möglichkeiten, ein erstinstanzliches Urteil durch ein höheres Gericht zu überprüfen. Die Asymmetrie des Rechtsmittelzuges der StPO war das Ergebnis eines mühsamen politischen Kompromisses. Im Massengeschäft der vor den Amtsgerichten verhandelten leichteren Strafsachen steht nach der StPO eine komplette zweite Tatsacheninstanz begründungslos zur Verfügung, für die vor dem Landgericht erstinstanzlich verhandelten schweren Strafsachen hingegen nur eine Rechtskontrolle. Von der Kompensation der fehlenden zweiten Tatsacheninstanz durch eine besonders starke Besetzung der erstinstanzlichen landgerichtlichen Spruchkörper in der RStPO von 1879 – fünf Berufsrichter in der Strafkammer, drei Berufsrichter und zwölf Geschworene im Schwurgericht – ist heute wenig übrig, denn die heutigen Strafkammern und Schwurgerichte bestehen nur aus zwei bis drei Berufsrichtern und zwei Schöffen. Stattdessen hat die Rechtsprechung Instrumente dafür entwickelt, die Beweiswürdigung auf Plausibilität zu überprüfen, wenn auch indirekt über ihre – vom Gesetz in § 267 StPO immer noch nicht verlangte – Darstellung in den Urteilsgründen auf die Sachrüge hin (sog. „erweiterte Revision“). Eine Überprüfung der Beweiswürdigungsgrundlagen ist nur sehr eingeschränkt möglich, wenn der Revisionsführer mit der Verfahrensrüge eine Verletzung des § 261 oder § 244 Abs. 2 StPO rügt; sie verspricht aber bislang nur Erfolg, wenn das Revisionsgericht dazu nicht den Inhalt der tatrichterlichen Beweisaufnah-

1 Nachweise zu den Partikularrechten bei *Reichling*, Die vollständige Protokollierung in der Hauptverhandlung in Strafsachen gemäß § 273 Abs. 3 StPO, S. 31 ff.; zu Berichtigungsverfahren bei *Stuckenberg*, FS Rüßmann, S. 639, 643 ff.

me umfänglich rekonstruieren muss (sog. „Verbot der Rekonstruktion der Hauptverhandlung“). Die Rüge, dass ein Zeuge etwas anderes gesagt habe als im Urteil steht, ist daher außer im seltenen Fall des § 273 Abs. 3 StPO von vornherein unzulässig.

I. Defizite des geltenden Rechts

1. Über 140 Jahre nach ihrem Inkrafttreten ist festzustellen, dass die Protokollierungsvorschriften der StPO ihre „Geschäftsgrundlage verloren“[2] haben. Viele Verfahren, vor allem vor den Strafkammern, dauern heute deutlich länger als damals, weshalb wieder das Bedürfnis nach einer möglichst genauen und zuverlässigen Aufzeichnung des Geschehens in der Hauptverhandlung besteht. Das gegenwärtige Formalprotokoll ist als Arbeitsmittel für Gericht und Verfahrensbeteiligte nutzlos, weil es erst nach der Hauptverhandlung fertiggestellt wird und der Inhalt der Beweisaufnahme gänzlich fehlt. Die Urteilsfindung beruht daher selbst in Fällen schwerster Kriminalität allein auf den Erinnerungen oder Mitschriften der beteiligten Richterinnen und Richter, die dadurch eine Doppelaufgabe zu erfüllen haben: Zum einen müssen sie die Beweisaufnahme durchführen und zum anderen gleichzeitig deren Ergebnisse dokumentieren. Fehler sind hierbei auch bei größter Anstrengung kaum zu vermeiden. Entsprechendes gilt für die Verfahrensbeteiligten, die für eigene Mitschriften Sorge tragen müssen, wenn sie sich nicht allein auf ihr Gedächtnis verlassen wollen. Zwar hat die Rechtsprechung anerkannt, dass Gerichte zur eigenen Verwendung auch Tonaufzeichnungen anfertigen dürfen; diese Aufzeichnungen stehen den anderen Verfahrensbeteiligten indes nicht zur Verfügung.

2. Für die Überprüfung der Rechtmäßigkeit des Verfahrensablaufs hat sich das gegenwärtige Protokollregime nur mit größten, bei dem heutigen Stand der Technik nicht mehr zu rechtfertigenden Einschränkungen als tauglich erwiesen. Die Annahmen des historischen Gesetzgebers, auf denen die Protokollierungsregeln beruhen, sind seit langem widerlegt. Die Rechtsprechung hat schon vor über 100 Jahren außergesetzliche Formen der Protokollberichtigung geschaffen und traut sich zu, im Freibeweis Vorgänge der Hauptverhandlung zu rekonstruieren. Die absolute Beweisregel des § 274 StPO ist nicht nur in der StPO, sondern auch im internationalen Vergleich eine Anomalie, die der Rechtfertigung entbehrt. Fehler des Protokolls können bisher sachlich unberechtigte Urteilsaufhebungen

---

2 *Salditt*, FS Meyer-Goßner, S. 469, 474.

oder -bestätigungen zur Folge haben; ganze Hauptverhandlungen müssen wiederholt werden, etwa weil sich infolge nachlässiger Protokollierung und fehlender sicherer Erinnerung des Vorsitzenden und des Urkundsbeamten nicht mehr aufklären lässt, ob dem Angeklagten das letzte Wort ordnungsgemäß erteilt oder die Anklageschrift vollständig verlesen wurde. Dies führt zu unnötigen Belastungen der Verfahrensbeteiligten und zur Vergeudung von Justizressourcen, die im 21. Jahrhundert anachronistisch wirken und technisch leicht vermeidbar sind.

3. Die richterrechtliche Entwicklung der „erweiterten Revision"[3] vermag das Fehlen einer zweiten Tatsacheninstanz in schweren Strafsachen zwar teilweise zu kompensieren, schafft aber eine neue, nicht zu rechtfertigende Asymmetrie zwischen einer peniblen Kontrolle der Darstellung der Beweiswürdigung, die von einer eigenen Beweiswürdigung des Revisionsgerichts manchmal kaum noch zu unterscheiden ist, und der nur ausnahmsweisen Kontrolle der Beweisgrundlagen. Gerade bei Vorwürfen schwerer Straftaten ist es oft nicht nur wichtig, was in einer Urkunde genau gestanden hat, sondern auch, was ein Zeuge genau gesagt hat. Wenn die Möglichkeit besteht, Letzteres im Rechtsmittelzug zuverlässig festzustellen, ist es ungereimt, darauf zu verzichten.

4. Diese Mängel sind seit langem bekannt. Vorstöße, die Dokumentation der strafgerichtlichen Hauptverhandlung zu verbessern, sind seit 1903 wiederholt unternommen worden,[4] in den letzten Jahren hat sich die

---

3 Geprägt wurde dieser Begriff durch *Fezer*, Die erweiterte Revision – Legitimation der Rechtswirklichkeit?, 1974; eingehend jüngst *Schletz*, Die erweiterte Revision in Strafsachen, 2020, S. 284 ff., 413 ff.

4 Vgl. Reichsjustizamt (Hrsg.), Protokolle der Kommission für die Reform des Strafprozesses, Band 1, S. 254; 41. DJT 1955, JZ 1955, 649, 653 ff.; zur Einführung des Inhaltsprotokolls durch das StPÄG 1964 vgl. BT-Drs. IV/2459, S. 3, zu seiner Abschaffung im 1. StVRG 1974 s. BT-Drs. 7/551, S. 48 und *Rieß*, NJW 1975, 81, 88. Siehe weiter *Grünwald*, Gutachten zum 50. DJT, C 56 ff.; *Rieß*, 52. DJT, L 18; *Salditt*, StraFo 1990, 54, 60; *ders.*, FS Meyer-Goßner, S. 474, 480 f.; DAV, AnwBl. 1993, 328; *Mertens*, FS Grünwald, S. 367 ff. (Tonaufzeichnung); *Nestler*, FS Lüderssen, S. 727 (Wortprotokoll); *Nack/Park/Brauneisen*, NStZ 2011, 310 (Gesetzesvorschlag der BRAK zur Videoaufzeichnung), dazu *Norouzi*, 34. Strafverteidigertag 2010, S. 215 ff.; *Witting*, FS Schiller, S. 691; *von Döllen/Momsen*, freispruch 2014, 3 (Diktat); *Wilhelm*, HRRS 2015, 246. Die vom BMJV 2014 eingesetzte Expertenkommission hat nur einen Prüfauftrag formuliert, Bericht der Expertenkommission zur effektiveren und praxistauglicheren Ausgestaltung des allgemeinen Strafverfahrens und des jugendgerichtlichen Verfahrens, S. 128 ff.; s.a. dort die Vorschläge von *Ignor/Schlothauer*, Anlagenband 1, S. 476 ff., und *Hamm*, Anlagenband 1, S. 656 ff.

rechtspolitische Diskussion erheblich intensiviert[5]. Gescheitert sind diese Vorstöße bislang vor allem an zwei Hürden: zum einen an der angenommenen technischen Unmöglichkeit bzw. dem unvertretbaren Aufwand[6] einer vollständigen Dokumentation, zum anderen an den befürchteten Auswirkungen auf die Revision, weil entweder vermehrt „sachlich unbegründete Revisionen"[7] eingelegt werden könnten oder die Revision ihren Charakter als Instrument der Rechtskontrolle einbüßen und damit das gesamte Rechtsmittelsystem in Schieflage bringen[8] könnte. Diese Einwände können jedoch heute nicht mehr überzeugen: Technische oder finanzielle Hürden stehen der umfassenden Dokumentation der Hauptverhandlung in einer Zeit, in der leistungsfähige digitale Aufzeichnungstechnik ubiquitär verfügbar und im Alltagsleben allgegenwärtig ist, nicht mehr entgegen. Die Auswirkungen auf das Revisionsrecht lassen sich beherrschen und sind in begrenztem Umfang sogar erwünscht.

---

5 *Mosbacher*, StV 2018, 182; *ders.*, ZRP 2019, 158; *ders.*, ZRP 2021, 180; *Bartel*, StV 2018, 678; *Wehowsky*, NStZ 2018, 177; *ders.*, StV 2018, 685; *Schmitt*, NStZ 2019, 1; *von Galen*, StraFo 2019, 309; *Kriminalpolitischer Kreis (KriK)*, Stellungnahme zur Einführung einer Bild-Ton-Aufzeichnung der Hauptverhandlung in Strafsachen, Dezember 2019; *Sabel*, in: Hoven/Kudlich (Hrsg.), Digitalisierung und Strafverfahren, S. 151 ff.; *Kudlich*, ibid., S. 163 ff.; *Cirener*, *Korte*, *Ott*, *Kudlich*, *Paul*, *Krauß*, *Wehowsky*, in: Cirener/Jahn/Radtke (Hrsg.), Bild-Ton-Dokumentation und „Konkurrenzlehre 2.0", S. 7, 11, 13, 23, 27, 33; *Schletz*, Die erweiterte Revision, S. 576 ff.; *Traut/Nickolaus*, StraFo 2020, 100; *dies.*, StraFo 2022, 55; *Franzen*, GVRZ 2021, 7; *Lüske*, Das Videoprotokoll als Perspektive für den deutschen Strafprozess?, S. 269 ff.; *Ignor*, FS Werle, S. 787 ff. Vgl. den Gesetzentwurf der FDP-Fraktion, BT-Drs. 19/11090, dazu *Bockemühl*, KriPoZ 2019, 375; Antrag der Fraktion Bündnis 90/Die Grünen, BT-Drs. 19/13515 und den Antrag der FDP-Fraktion, BT-Drs. 19/14244, S. 4. Die vom BMJV 2019 eingesetzte Expertinnen- und Expertengruppe hat keinen Gesetzesvorschlag formuliert, vgl. Bericht der Expertinnen- und Expertengruppe zur Dokumentation der strafgerichtlichen Hauptverhandlung, 2021; dazu Stellungnahme Nr. 61 der BRAK vom November 2021. Überblick über die Diskussion auch bei *Leitner*, Videotechnik im Strafverfahren, S. 111 ff.; *Lüske*, ibid., S. 145 ff.
In den allgemeinen Medien s. *Bubrowski*, FAZ vom 23.9.2019, S. 8; *Neukirch*, Der Spiegel 51/2019, S. 44; *Rammelsberger*, SZ vom 4./5.12.2021, S. 51.

6 Reichsjustizamt (Hrsg.), Protokolle der Kommission für die Reform des Strafprozesses, Band 1, S. 254 (Stenographie); BT-Drs. IV/2459, S. 3 (Inhaltsprotokoll).

7 Reichsjustizamt (Hrsg.), Protokolle der Kommission für die Reform des Strafprozesses, Band 1, S. 254.

8 BT-Drs. 15/1976, S. 12 f.

II. Vorschlag des Alternativ-Entwurfs

Der Arbeitskreis schlägt daher vor, unter Beibehaltung der bisherigen Aufgabenteilung zwischen Tat- und Revisionsgericht in der Strafgerichtsbarkeit einheitlich ein Videoprotokoll einzuführen.

Die wichtigsten Vorteile einer umfassenden Bild-Ton-Aufzeichnung der Hauptverhandlung sind:

- die Entlastung des Tatgerichts bei der Sachverhaltsfeststellung, weil es statt eigener Mitschriften eine zuverlässigere Dokumentation zur Hand hat und daher seine Aufmerksamkeit ganz dem Geschehen der Hauptverhandlung widmen kann,
- die Verbesserung der Überprüfung der Gesetzmäßigkeit des Ganges der Hauptverhandlung durch die Revisionsinstanz, die eine genaue und zuverlässige Beurteilungsgrundlage für Verfahrensrügen erhält, und
- die Verbesserung der Überprüfung der Grundlagen der Beweiswürdigung, die bisher nur sehr eingeschränkt möglich war.

Zur Erreichung dieser Ziele befürwortet der Arbeitskreis einen vollständigen Technologiewechsel in der Art der Dokumentation der Hauptverhandlung bei allen Strafgerichten.

Vorgeschlagen wird, die bisherige Form der Sitzungsniederschrift vollständig durch die obligatorische Aufzeichnung der Hauptverhandlung in Bild und Ton (Videoprotokoll) zu ersetzen. Diese Aufzeichnung soll sowohl zeitlich als auch räumlich das gesamte Geschehen der Hauptverhandlung erfassen, mithin auch alle anwesenden Personen einschließlich Gericht und Zuschauern, um die vollständige Überprüfung des äußeren Ganges der Hauptverhandlung zu ermöglichen. Das Videoprotokoll soll einheitlich bei allen Strafgerichten eingeführt werden.

Die Videoaufzeichnung soll in geeigneter Weise mit einem Index versehen werden, der die Handhabung, namentlich die präzise Bezeichnung und das schnelle Auffinden eines bestimmten Vorgangs, erleichtert. Der Index dient zugleich als Inhaltsverzeichnis, das einen raschen Überblick über den Verfahrensgang ermöglicht, und tritt damit funktional an die Stelle des bisherigen Formalprotokolls.

Die Videodokumentation soll möglichst umgehend allen Verfahrensbeteiligten zur Verfügung stehen. Das Gericht kann sie schon während der Verhandlung, etwa zu Vorhalten oder bei Zwischenberatungen nutzen. Umfängliche Mitschriften werden damit entbehrlich. Dass die Aufzeichnung der Verteidigung und der Anklagebehörde grundsätzlich im gleichen Maße zugänglich sein muss wie dem Gericht, ist aus Gründen der Fairness und Waffengleichheit selbstverständlich. Zur Verhinderung von Missbrauch, insbesondere der unbefugten Weitergabe oder Veröffentlichung, wird eine flankierende Strafvorschrift (§ 353d Nr. 4 StGB-AE) vorgeschlagen.

Eine grundlegende Veränderung des bisherigen Rechtsmittelsystems sieht der Arbeitskreis weder als Notwendigkeit noch als zwingende Folge der Einführung des Videoprotokolls an. Die Auswirkungen auf die Revision können durch geeignete Regelungen und Klarstellungen im Gesetz begrenzt werden. Die grundsätzliche Aufgabenverteilung zwischen Tat- und Revisionsgericht, die dem Revisionsgericht eine eigene Beweiswürdigung zur Schuld- und Straffrage versagt, bleibt gewahrt.

Keine Änderungen ergeben sich bei der herkömmlichen Sachrüge, die Fehler der Anwendung des materiellen Rechts behauptet, sowie der Sachrüge im Sinne der „erweiterten Revision", mit der anhand der Urteilsgründe die Beweiswürdigung des Tatgerichts auf Denkfehler, Lücken, Widersprüche und Vereinbarkeit mit Erfahrungssätzen überprüft wird.

Der Nachweis von Mängeln des Verfahrens wird durch das Videoprotokoll erheblich vereinfacht und verbessert. Die formalen Anforderungen an die Verfahrensrüge werden angepasst. Die Überprüfung der Ordnungsgemäßheit des äußeren Verfahrensganges erhält eine zuverlässige Beweisgrundlage und wird von den zahlreichen Schwierigkeiten im Umgang mit der bisherigen Sitzungsniederschrift befreit.

Das Vorhandensein einer lückenlosen Dokumentation der Beweisaufnahme verbessert vor allem erheblich die Möglichkeit, Diskrepanzen zwischen der Beweisaufnahme und deren Wiedergabe in den Urteilsgründen nachzuweisen und solche Abweichungen mit der Verfahrensrüge zu beanstanden. Dies betrifft zunächst die sog. Inbegriffsrüge, dass sich eine Tatsachenfeststellung im Urteil auf Beweismittel stütze, die in der Hauptverhandlung gar nicht erhoben wurden oder, etwa aufgrund eines Verfahrensfehlers, nicht verwertet werden durften. Ebenfalls vereinfacht wird künftig die sog. Differenzrüge, durch die behauptet wird, dass die Feststellungen im Widerspruch zum Inhalt eines Beweismittels stehen, dieses also im Urteil falsch wiedergegeben werde. Die Differenzrüge hält die Rechtsprechung bislang nur für zulässig, wenn der Widerspruch ohne Rekonstruktion der Hauptverhandlung mit „paraten" Beweismitteln wie Sitzungsniederschrift oder Urkunden feststellbar ist. Dass ein Zeuge anders ausgesagt hat als im Urteil angegeben, kann bisher, von seltenen Ausnahmen abgesehen, nicht gerügt werden. Der Arbeitskreis sieht zum einen keine Grundlage für ein derart weitreichendes „Verbot der Rekonstruktion der Hauptverhandlung". Zum anderen ist zu konstatieren, dass auch die Revisionsgerichte das formal hochgehaltene „Rekonstruktionsverbot“ tatsächlich pragmatisch handhaben; wenn und soweit der Inhalt eines Beweises ohne großen Aufwand rekonstruiert werden kann, ist von einem Verbot keine Rede. Mit dem Videoprotokoll liegt künftig ein zuverlässiges und leicht zu handhabendes Dokumentationsformat für die in der Hauptverhandlung erhobenen Beweise vor, so dass eine Überprüfung des Beweismittelinhalts nicht mehr nur in Ausnahmefällen – nämlich bei wörtlichen Protokollierungen oder beim Urkundenbeweis –, sondern generell ohne Weiteres möglich ist.

Bei alledem geht der Arbeitskreis davon aus, dass eine Trennung zwischen der Beweiswürdigungsgrundlage einerseits und dem nachfolgenden Vorgang der Beweiswürdigung andererseits sowohl theoretisch als auch praktisch weiterhin durchführbar ist. Beim Personalbeweis ist allerdings zusätzlich zu beachten, dass das Verständnis von Aussagen nicht vollständig objektivierbar ist, weshalb sich die Überprüfung durch das Revisionsgericht auf eine Vertretbarkeitskontrolle beschränken muss. Die Beschränkung auf *offensichtliche* Fehlwahrnehmungen der Beweismittel wird zur Wahrung der Aufgabenverteilung zwischen Tat- und Revisionsgericht generell als Maßstab der Differenzrüge festgeschrieben. Verbesserungen für den Nachweis ergeben sich schließlich auch noch bei der Rüge der fehlenden oder unzureichenden Erörterung oder Ausschöpfung eines erhobenen Beweismittels.

Eine Überlastung der Revisionsgerichte durch eine Flut von Differenzrügen ist nicht zu befürchten, da sich solche Diskrepanzen mithilfe des Videoprotokolls schon in der Tatsacheninstanz vermeiden lassen, wie die Erfahrung der internationalen Strafgerichte zeigt. Hinzu kommt, dass das Vorhandensein einer verlässlichen Dokumentation nicht nur dazu einlädt, tatsächliche Diskrepanzen zu rügen, sondern umgekehrt auch davon abschrecken wird, derartige Rügen ins Blaue hinein zu erheben. Im Übrigen soll die Belastung des Revisionsgerichts dadurch gemindert werden, dass bei diesen Rügen die Staatsanwaltschaft bei dem Tatgericht eine Gegenerklärung abgeben muss, in der sie die Abschnitte des Videoprotokolls benennt, die dem Revisionsvortrag entgegenstehen; zudem kann das Tatgericht, dessen Urteil angegriffen wird, sich dazu äußern. Die Prüfung des Revisionsgerichts beschränkt sich auf diesen Vortrag, so dass es nicht dazu kommen kann, dass das Revisionsgericht die gesamte Aufzeichnung einer mehrere Wochen oder Monate währenden Hauptverhandlung anschauen muss. Die oft artikulierte Sorge, Revisionsrichter und Dezernenten der Bundesanwaltschaft und der Generalstaatsanwaltschaften würden in umfangreichen Verfahren zukünftig stundenlang Videokonserven betrachten müssen, erweist sich deshalb als unbegründet.

B. Gesetzesvorschlag

I. Einführung des Videoprotokolls

1. Änderungen der Strafprozeßordnung

geltende Fassung	AE-ADH
§ 271 Hauptverhandlungsprotokoll (1) [1] Über die Hauptverhandlung ist ein Protokoll aufzunehmen und von dem Vorsitzenden und dem Urkundsbeamten der Geschäftsstelle, soweit dieser in der Hauptverhandlung anwesend war, zu unterschreiben. [2] Der Tag der Fertigstellung ist darin anzugeben oder aktenkundig zu machen. (2) [1] Ist der Vorsitzende verhindert, so unterschreibt für ihn der älteste beisitzende Richter. [2] Ist der Vorsitzende das einzige richterliche Mitglied des Gerichts, so genügt bei seiner Verhinderung die Unterschrift des Urkundsbeamten der Geschäftsstelle.	**§ 271 Dokumentation der Hauptverhandlung** **(1) [1] Die Hauptverhandlung ist in Bild und Ton aufzuzeichnen (Videoprotokoll). [2] Die Aufzeichnung ist mit einem Index zu versehen, aus dem der Gang der Hauptverhandlung ersichtlich ist. [3] Der Ort und der Tag der Verhandlung, die Namen aller teilnehmenden Personen und die Bezeichnung der Straftat nach der Anklage sind anzugeben; ebenso ist anzugeben, ob öffentlich verhandelt wird. [4] Das fertiggestellte Videoprotokoll wird als deren Bestandteil zu den Akten genommen. [5] Vor der Fertigstellung des Videoprotokolls darf das Urteil nicht zugestellt werden.** **(2) Die Staatsanwaltschaft, der Angeklagte und der Verteidiger erhalten bereits während der Hauptverhandlung Zugang zu der Aufzeichnung.**
§ 272 Inhalt des Hauptverhandlungsprotokolls Das Protokoll über die Hauptverhandlung enthält 1. den Ort und den Tag der Verhandlung; 2. die Namen der Richter und Schöffen, des Beamten der Staatsanwaltschaft, des Urkundsbeamten der Geschäftsstelle und des zugezogenen Dolmetschers; 3. die Bezeichnung der Straftat nach der Anklage; 4. die Namen der Angeklagten, ihrer Verteidiger, der Privatkläger, der Nebenkläger, der Anspruchsteller nach § 403, der sonstigen Nebenbeteiligten, der gesetzlichen Vertreter, der Bevollmächtigten und der Beistände; 5. die Angabe, daß öffentlich verhandelt oder die Öffentlichkeit ausgeschlossen ist.	**entfällt**

geltende Fassung	AE-ADH
§ 273 Beurkundung der Hauptverhandlung	**entfällt**

(1) [1] Das Protokoll muß den Gang und die Ergebnisse der Hauptverhandlung im wesentlichen wiedergeben und die Beachtung aller wesentlichen Förmlichkeiten ersichtlich machen, auch die Bezeichnung der verlesenen Urkunden oder derjenigen, von deren Verlesung nach § 249 Abs. 2 abgesehen worden ist, sowie die im Laufe der Verhandlung gestellten Anträge, die ergangenen Entscheidungen und die Urteilsformel enthalten. [2] In das Protokoll muss auch der wesentliche Ablauf und Inhalt einer Erörterung nach § 257b aufgenommen werden.

(1a) [1] Das Protokoll muss auch den wesentlichen Ablauf und Inhalt sowie das Ergebnis einer Verständigung nach § 257c wiedergeben. [2] Gleiches gilt für die Beachtung der in § 243 Absatz 4, § 257c Absatz 4 Satz 4 und Absatz 5 vorgeschriebenen Mitteilungen und Belehrungen. [3] Hat eine Verständigung nicht stattgefunden, ist auch dies im Protokoll zu vermerken.

(2) [1] Aus der Hauptverhandlung vor dem Strafrichter und dem Schöffengericht sind außerdem die wesentlichen Ergebnisse der Vernehmungen in das Protokoll aufzunehmen; dies gilt nicht, wenn alle zur Anfechtung Berechtigten auf Rechtsmittel verzichten oder innerhalb der Frist kein Rechtsmittel eingelegt wird. [2] Der Vorsitzende kann anordnen, dass anstelle der Aufnahme der wesentlichen Vernehmungsergebnisse in das Protokoll einzelne Vernehmungen im Zusammenhang als Tonaufzeichnung zur Akte genommen werden. [3] § 58a Abs. 2 Satz 1 und 3 bis 6 gilt entsprechend.

(3) [1] Kommt es auf die Feststellung eines Vorgangs in der Hauptverhandlung oder des Wortlauts einer Aussage oder einer Äußerung an, so hat der Vorsitzende von Amts wegen oder auf Antrag einer an der Verhandlung beteiligten Person die vollständige Protokollierung und Verlesung anzuordnen. [2] Lehnt der Vorsitzende die Anordnung ab, so entscheidet auf Antrag einer an der Verhandlung beteiligten Person das Gericht. [3] In dem Protokoll ist zu vermerken, daß die Verlesung geschehen und die Genehmigung erfolgt ist oder welche Einwendungen erhoben worden sind.

(4) Bevor das Protokoll fertiggestellt ist, darf das Urteil nicht zugestellt werden.

geltende Fassung	AE-ADH
§ 274 Beweiskraft des Protokolls	**entfällt**

[1] Die Beobachtung der für die Hauptverhandlung vorgeschriebenen Förmlichkeiten kann nur durch das Protokoll bewiesen werden. [2] Gegen den diese Förmlichkeiten betreffenden Inhalt des Protokolls ist nur der Nachweis der Fälschung zulässig.

geltende Fassung	AE-ADH
§ 337 Revisionsgründe	**§ 337 Revisionsgründe**
(1) Die Revision kann nur darauf gestützt werden, daß das Urteil auf einer Verletzung des Gesetzes beruhe.	(1) [unverändert]
(2) Das Gesetz ist verletzt, wenn eine Rechtsnorm nicht oder nicht richtig angewendet worden ist.	(2) [unverändert]
	(3) Eine Verletzung des Gesetzes liegt auch vor, wenn im Urteil **1. ein Beweismittel verwertet wird, das in der Hauptverhandlung nicht erhoben wurde oder das nicht verwertet werden durfte, oder** **2. der Inhalt der in der Hauptverhandlung erhobenen Beweise überhaupt nicht oder offensichtlich unrichtig wiedergegeben wird.**
§ 344 Revisionsbegründung	**§ 344 Revisionsbegründung**
(1) Der Beschwerdeführer hat die Erklärung abzugeben, inwieweit er das Urteil anfechte und dessen Aufhebung beantrage (Revisionsanträge), und die Anträge zu begründen.	(1) [unverändert]
(2) [1] Aus der Begründung muß hervorgehen, ob das Urteil wegen Verletzung einer Rechtsnorm über das Verfahren oder wegen Verletzung einer anderen Rechtsnorm angefochten wird. [2] Ersterenfalls müssen die den Mangel enthaltenden Tatsachen angegeben werden.	(2) [1] Aus der Begründung muß hervorgehen, ob das Urteil wegen Verletzung einer Rechtsnorm über das Verfahren oder wegen Verletzung einer anderen Rechtsnorm angefochten wird. [2] Ersterenfalls müssen die den Mangel enthaltenden Tatsachen angegeben werden. [3] **Wird auf Vorgänge in der Hauptverhandlung Bezug genommen, sind die Abschnitte des Videoprotokolls, die diese Vorgänge dokumentieren, zu bezeichnen; einer schriftlichen Übertragung der Aufzeichnung bedarf es nicht.**

geltende Fassung	AE-ADH
§ 347 Zustellung; Gegenerklärung; Vorlage der Akten an das Revisionsgericht	**§ 347 Zustellung; Gegenerklärung; Erklärung des Gerichts; Vorlage der Akten an das Revisionsgericht**
(1) [1] Ist die Revision rechtzeitig eingelegt und sind die Revisionsanträge rechtzeitig und in der vorgeschriebenen Form angebracht, so ist die Revisionsschrift dem Gegner des Beschwerdeführers zuzustellen. [2] Diesem steht frei, binnen einer Woche eine schriftliche Gegenerklärung einzureichen. [3] Wird das Urteil wegen eines Verfahrensmangels angefochten, so gibt der Staatsanwalt in dieser Frist eine Gegenerklärung ab, wenn anzunehmen ist, dass dadurch die Prüfung der Revisionsbeschwerde erleichtert wird. [4] Der Angeklagte kann die Gegenerklärung auch zu Protokoll der Geschäftsstelle abgeben.	(1) [1] Ist die Revision rechtzeitig eingelegt und sind die Revisionsanträge rechtzeitig und in der vorgeschriebenen Form angebracht, so ist die Revisionsschrift dem Gegner des Beschwerdeführers zuzustellen. [2] Diesem steht frei, binnen einer Woche eine schriftliche Gegenerklärung einzureichen. [3] Wird das Urteil wegen eines Verfahrensmangels angefochten, so gibt der Staatsanwalt in dieser Frist eine Gegenerklärung ab, wenn anzunehmen ist, dass dadurch die Prüfung der Revisionsbeschwerde erleichtert wird. [4] **Nimmt die Gegenerklärung auf Vorgänge der Hauptverhandlung Bezug, die vom Beschwerdeführer nicht vorgetragen worden sind, gilt § 344 Abs. 2 Satz 3 entsprechend.** [5] Der Angeklagte kann die Gegenerklärung auch zu Protokoll der Geschäftsstelle abgeben.
	(2) [1] **Bezieht sich ein Revisionsantrag auf Vorgänge in der Hauptverhandlung, so kann das Gericht, dessen Urteil angefochten wird, sich dazu binnen zwei Wochen erklären.** [2] **Absatz 1 Satz 4 gilt entsprechend.**
(2) Nach Eingang der Gegenerklärung oder nach Ablauf der Frist sendet die Staatsanwaltschaft die Akten an das Revisionsgericht.	**(3)** Nach Eingang der Gegenerklärung **sowie nach Eingang der Erklärung nach Absatz 2** oder nach Ablauf der **Fristen** übersendet die Staatsanwaltschaft die Akten an das Revisionsgericht.
§ 352 Umfang der Urteilsprüfung	**§ 352 Umfang der Urteilsprüfung**
(1) Der Prüfung des Revisionsgerichts unterliegen nur die gestellten Revisionsanträge und, soweit die Revision auf Mängel des Verfahrens gestützt wird, nur die Tatsachen, die bei Anbringung der Revisionsanträge bezeichnet worden sind.	(1) [1] Der Prüfung des Revisionsgerichts unterliegen nur die gestellten Revisionsanträge und, soweit die Revision auf Mängel des Verfahrens gestützt wird, nur die Tatsachen, die bei Anbringung der Revisionsanträge bezeichnet worden sind. [2] **Wird der Revisionsantrag mit Vorgängen in der Hauptverhandlung begründet, so legt das Revisionsgericht seiner Prüfung nur die Abschnitte des Videoprotokolls zugrunde, die in den Revisionsanträgen, in der Gegenerklärung und in der Erklärung des Gerichts nach § 347 Absatz 2 angegeben sind.**
(2) Eine weitere Begründung der Revisionsanträge als die in § 344 Abs. 2 vorgeschriebene ist nicht erforderlich und, wenn sie unrichtig ist, unschädlich.	(2) [unverändert]

2. Änderungen des Strafgesetzbuchs

geltende Fassung	AE-ADH
§ 353d Verbotene Mitteilungen über Gerichtsverhandlungen Mit Freiheitsstrafe bis zu einem Jahr oder mit Geldstrafe wird bestraft, wer	**§ 353d Verbotene Mitteilungen über Gerichtsverhandlungen** Mit Freiheitsstrafe bis zu einem Jahr oder mit Geldstrafe wird bestraft, wer
1. entgegen einem gesetzlichen Verbot über eine Gerichtsverhandlung, bei der die Öffentlichkeit ausgeschlossen war, oder über den Inhalt eines die Sache betreffenden amtlichen Dokuments öffentlich eine Mitteilung macht,	1. [unverändert]
2. entgegen einer vom Gericht auf Grund eines Gesetzes auferlegten Schweigepflicht Tatsachen unbefugt offenbart, die durch eine nichtöffentliche Gerichtsverhandlung oder durch ein die Sache betreffendes amtliches Dokument zu seiner Kenntnis gelangt sind, oder	2. [unverändert]
3. die Anklageschrift oder andere amtliche Dokumente eines Strafverfahrens, eines Bußgeldverfahrens oder eines Disziplinarverfahrens, ganz oder in wesentlichen Teilen, im Wortlaut öffentlich mitteilt, bevor sie in öffentlicher Verhandlung erörtert worden sind oder das Verfahren abgeschlossen ist.	3. [unverändert]
	4. ein Videoprotokoll einer Hauptverhandlung in Strafsachen ganz oder teilweise an unbefugte Personen weitergibt oder öffentlich mitteilt.

II. Folgeänderungen

1. Änderungen der Strafprozeßordnung

geltende Fassung	AE-ADH
§ 59 Vereidigung (1) [1] Zeugen werden nur vereidigt, wenn es das Gericht wegen der ausschlaggebenden Bedeutung der Aussage oder zur Herbeiführung einer wahren Aussage nach seinem Ermessen für notwendig hält. [2] Der Grund dafür, dass der Zeuge vereidigt wird, braucht im Protokoll nicht angegeben zu werden, es sei denn, der Zeuge wird außerhalb der Hauptverhandlung vernommen.	**§ 59 Vereidigung** (1) [1] Zeugen werden nur vereidigt, wenn es das Gericht wegen der ausschlaggebenden Bedeutung der Aussage oder zur Herbeiführung einer wahren Aussage nach seinem Ermessen für notwendig hält. [2] Der Grund dafür, dass der Zeuge vereidigt wird, braucht nicht **für das Protokoll festgestellt** zu werden, es sei denn, der Zeuge wird außerhalb der Hauptverhandlung vernommen.
(2) [1] Die Vereidigung der Zeugen erfolgt einzeln und nach ihrer Vernehmung. [2] Soweit nichts anderes bestimmt ist, findet sie in der Hauptverhandlung statt.	(2) [unverändert]

geltende Fassung	AE-ADH
§ 86 Richterlicher Augenschein Findet die Einnahme eines richterlichen Augenscheins statt, so ist im Protokoll der vorgefundene Sachbestand festzustellen und darüber Auskunft zu geben, welche Spuren oder Merkmale, deren Vorhandensein nach der besonderen Beschaffenheit des Falles vermutet werden konnte, gefehlt haben.	**§ 86 Richterlicher Augenschein** Findet die Einnahme eines richterlichen Augenscheins statt, so ist **der vorgefundene Sachbestand für das Protokoll** festzustellen und darüber Auskunft zu geben, welche Spuren oder Merkmale, deren Vorhandensein nach der besonderen Beschaffenheit des Falles vermutet werden konnte, gefehlt haben.
§ 138d Verfahren bei Ausschließung des Verteidigers	**§ 138d Verfahren bei Ausschließung des Verteidigers**
(1) Über die Ausschließung des Verteidigers wird nach mündlicher Verhandlung entschieden.	(1) [unverändert]
(2) [1] Der Verteidiger ist zu dem Termin der mündlichen Verhandlung zu laden. [2] Die Ladungsfrist beträgt eine Woche; sie kann auf drei Tage verkürzt werden. [3] Die Staatsanwaltschaft, der Beschuldigte und in den Fällen des § 138c Abs. 2 Satz 3 der Vorstand der Rechtsanwaltskammer sind von dem Termin zur mündlichen Verhandlung zu benachrichtigen.	(2) [unverändert]
(3) Die mündliche Verhandlung kann ohne den Verteidiger durchgeführt werden, wenn er ordnungsgemäß geladen und in der Ladung darauf hingewiesen worden ist, daß in seiner Abwesenheit verhandelt werden kann.	(3) [unverändert]
(4) [1] In der mündlichen Verhandlung sind die anwesenden Beteiligten zu hören. [2] Für die Anhörung des Vorstands der Rechtsanwaltskammer gilt § 247a Absatz 2 Satz 1 und 3 entsprechend. [3] Den Umfang der Beweisaufnahme bestimmt das Gericht nach pflichtgemäßem Ermessen. [4] Über die Verhandlung ist ein Protokoll aufzunehmen; die §§ 271 bis 273 gelten entsprechend.	(4) [1] In der mündlichen Verhandlung sind die anwesenden Beteiligten zu hören. [2] Für die Anhörung des Vorstands der Rechtsanwaltskammer gilt § 247a Absatz 2 Satz 1 und 3 entsprechend. [3] Den Umfang der Beweisaufnahme bestimmt das Gericht nach pflichtgemäßem Ermessen. [4] Über die Verhandlung ist ein Protokoll aufzunehmen; **§ 271 gilt** entsprechend.
(5) [1] Die Entscheidung ist am Schluß der mündlichen Verhandlung zu verkünden. [2] Ist dies nicht möglich, so ist die Entscheidung spätestens binnen einer Woche zu erlassen.	(5) [unverändert]

geltende Fassung

§ 140 Notwendige Verteidigung

(1) Ein Fall der notwendigen Verteidigung liegt vor, wenn

1. zu erwarten ist, dass die Hauptverhandlung im ersten Rechtszug vor dem Oberlandesgericht, dem Landgericht oder dem Schöffengericht stattfindet;
2. dem Beschuldigten ein Verbrechen zur Last gelegt wird;
3. das Verfahren zu einem Berufsverbot führen kann;
4. der Beschuldigte nach den §§ 115, 115a, 128 Absatz 1 oder § 129 einem Gericht zur Entscheidung über Haft oder einstweilige Unterbringung vorzuführen ist;
5. der Beschuldigte sich auf Grund richterlicher Anordnung oder mit richterlicher Genehmigung in einer Anstalt befindet;
6. zur Vorbereitung eines Gutachtens über den psychischen Zustand des Beschuldigten seine Unterbringung nach § 81 in Frage kommt;
7. zu erwarten ist, dass ein Sicherungsverfahren durchgeführt wird;
8. der bisherige Verteidiger durch eine Entscheidung von der Mitwirkung in dem Verfahren ausgeschlossen ist;
9. dem Verletzten nach den §§ 397a und 406h Absatz 3 und 4 ein Rechtsanwalt beigeordnet worden ist;
10. bei einer richterlichen Vernehmung die Mitwirkung eines Verteidigers auf Grund der Bedeutung der Vernehmung zur Wahrung der Rechte des Beschuldigten geboten erscheint;
11. ein seh-, hör- oder sprachbehinderter Beschuldigter die Bestellung beantragt.

AE-ADH

§ 140 Notwendige Verteidigung

(1) Ein Fall der notwendigen Verteidigung liegt vor, wenn

[Nr. 1–11 unverändert.]

12. zur Begründung einer Rüge gemäß § 337 Absatz 3 auf ein Videoprotokoll (§ 344 Absatz 2 Satz 3) Bezug genommen wird.

geltende Fassung

§ 247 Entfernung des Angeklagten bei Vernehmung von Mitangeklagten und Zeugen

[1] Das Gericht kann anordnen, daß sich der Angeklagte während einer Vernehmung aus dem Sitzungszimmer entfernt, wenn zu befürchten ist, ein Mitangeklagter oder ein Zeuge werde bei seiner Vernehmung in Gegenwart des Angeklagten die Wahrheit nicht sagen. [2] Das gleiche gilt, wenn bei der Vernehmung einer Person unter 18 Jahren als Zeuge in Gegenwart des Angeklagten ein erheblicher Nachteil für das Wohl des Zeugen zu befürchten ist oder wenn bei einer Vernehmung einer anderen Person als Zeuge in Gegenwart des Angeklagten die dringende Gefahr eines schwerwiegenden Nachteils für ihre Gesundheit besteht. [3] Die Entfernung des Angeklagten kann für die Dauer von Erörterungen über den Zustand des Angeklagten und die Behandlungsaussichten angeordnet werden, wenn ein erheblicher Nachteil für seine Gesundheit zu befürchten ist. [4] Der Vorsitzende hat den Angeklagten, sobald dieser wieder anwesend ist, von dem wesentlichen Inhalt dessen zu unterrichten, was während seiner Abwesenheit ausgesagt oder sonst verhandelt worden ist.

AE-ADH

§ 247 Entfernung des Angeklagten bei Vernehmung von Mitangeklagten und Zeugen

[1] Das Gericht kann anordnen, daß sich der Angeklagte während einer Vernehmung aus dem Sitzungszimmer entfernt, wenn zu befürchten ist, ein Mitangeklagter oder ein Zeuge werde bei seiner Vernehmung in Gegenwart des Angeklagten die Wahrheit nicht sagen. [2] Das gleiche gilt, wenn bei der Vernehmung einer Person unter 18 Jahren als Zeuge in Gegenwart des Angeklagten ein erheblicher Nachteil für das Wohl des Zeugen zu befürchten ist oder wenn bei einer Vernehmung einer anderen Person als Zeuge in Gegenwart des Angeklagten die dringende Gefahr eines schwerwiegenden Nachteils für ihre Gesundheit besteht. [3] Die Entfernung des Angeklagten kann für die Dauer von Erörterungen über den Zustand des Angeklagten und die Behandlungsaussichten angeordnet werden, wenn ein erheblicher Nachteil für seine Gesundheit zu befürchten ist. [4] **In den Fällen des Satzes 1 und 2 erhält der Angeklagte entweder Gelegenheit, die Aussage durch zeitgleiche Videoübertragung mitzuverfolgen, oder, sobald er wieder anwesend ist, die Bild-Ton-Aufzeichnung dessen anzusehen, was während seiner Abwesenheit ausgesagt oder sonst verhandelt worden ist.** [5] **In den Fällen des Satzes 3 hat der Vorsitzende den Angeklagten, sobald dieser wieder anwesend ist, von dem wesentlichen Inhalt dessen zu unterrichten, was während seiner Abwesenheit ausgesagt oder sonst verhandelt worden ist.**

geltende Fassung	AE-ADH
§ 247a Anordnung einer audiovisuellen Vernehmung von Zeugen	**§ 247a Anordnung einer audiovisuellen Vernehmung von Zeugen**
(1) [1] Besteht die dringende Gefahr eines schwerwiegenden Nachteils für das Wohl des Zeugen, wenn er in Gegenwart der in der Hauptverhandlung Anwesenden vernommen wird, so kann das Gericht anordnen, daß der Zeuge sich während der Vernehmung an einem anderen Ort aufhält; eine solche Anordnung ist auch unter den Voraussetzungen des § 251 Abs. 2 zulässig, soweit dies zur Erforschung der Wahrheit erforderlich ist. [2] Die Entscheidung ist unanfechtbar. [3] Die Aussage wird zeitgleich in Bild und Ton in das Sitzungszimmer übertragen. [4] Sie soll aufgezeichnet werden, wenn zu besorgen ist, daß der Zeuge in einer weiteren Hauptverhandlung nicht vernommen werden kann und die Aufzeichnung zur Erforschung der Wahrheit erforderlich ist. [5] § 58a Abs. 2 findet entsprechende Anwendung.	(1) [1] Besteht die dringende Gefahr eines schwerwiegenden Nachteils für das Wohl des Zeugen, wenn er in Gegenwart der in der Hauptverhandlung Anwesenden vernommen wird, so kann das Gericht anordnen, daß der Zeuge sich während der Vernehmung an einem anderen Ort aufhält; eine solche Anordnung ist auch unter den Voraussetzungen des § 251 Abs. 2 zulässig, soweit dies zur Erforschung der Wahrheit erforderlich ist. [2] Die Entscheidung ist unanfechtbar. [3] Die Aussage wird zeitgleich in Bild und Ton in das Sitzungszimmer übertragen **und aufgezeichnet**. [4] § 58a Abs. 2 findet entsprechende Anwendung.
(2) [1] Das Gericht kann anordnen, dass die Vernehmung eines Sachverständigen in der Weise erfolgt, dass dieser sich an einem anderen Ort als das Gericht aufhält und die Vernehmung zeitgleich in Bild und Ton an den Ort, an dem sich der Sachverständige aufhält, und in das Sitzungszimmer übertragen wird. [2] Dies gilt nicht in den Fällen des § 246a. [3] Die Entscheidung nach Satz 1 ist unanfechtbar.	(2) [unverändert]
§ 249 Führung des Urkundenbeweises durch Verlesung; Selbstleseverfahren	**§ 249 Führung des Urkundenbeweises durch Verlesung; Selbstleseverfahren**
(1) [1] Urkunden sind zum Zweck der Beweiserhebung über ihren Inhalt in der Hauptverhandlung zu verlesen. [2] Elektronische Dokumente sind Urkunden, soweit sie verlesbar sind.	(1) [unverändert]
(2) [1] Von der Verlesung kann, außer in den Fällen der §§ 253 und 254, abgesehen werden, wenn die Richter und Schöffen vom Wortlaut der Urkunde Kenntnis genommen haben und die übrigen Beteiligten hierzu Gelegenheit hatten. [2] Widerspricht der Staatsanwalt, der Angeklagte oder der Verteidiger unverzüglich der Anordnung des Vorsitzenden, nach Satz 1 zu verfahren, so entscheidet das Gericht. [3] Die Anordnung des Vorsitzenden, die Feststellungen über die Kenntnisnahme und die Gelegenheit hierzu und der Widerspruch sind in das Protokoll aufzunehmen.	(2) [1] Von der Verlesung kann, außer in den Fällen der §§ 253 und 254, abgesehen werden, wenn die Richter und Schöffen vom Wortlaut der Urkunde Kenntnis genommen haben und die übrigen Beteiligten hierzu Gelegenheit hatten. [2] Widerspricht der Staatsanwalt, der Angeklagte oder der Verteidiger unverzüglich der Anordnung des Vorsitzenden, nach Satz 1 zu verfahren, so entscheidet das Gericht. [3] Die Anordnung des Vorsitzenden, die Feststellungen über die Kenntnisnahme und die Gelegenheit hierzu und der Widerspruch sind **für das Protokoll festzustellen**.
§ 255 Protokollierung der Verlesung	**§ 255 Protokollierung der Verlesung**
In den Fällen der §§ 253 und 254 ist die Verlesung und ihr Grund auf Antrag der Staatsanwaltschaft oder des Angeklagten im Protokoll zu erwähnen.	In den Fällen der §§ 253 und 254 ist **der Grund der Verlesung** auf Antrag der Staatsanwaltschaft oder des Angeklagten **für das Protokoll festzustellen.**

geltende Fassung

§ 266 Nachtragsanklage

(1) Erstreckt der Staatsanwalt in der Hauptverhandlung die Anklage auf weitere Straftaten des Angeklagten, so kann das Gericht sie durch Beschluß in das Verfahren einbeziehen, wenn es für sie zuständig ist und der Angeklagte zustimmt.

(2) [1] Die Nachtragsanklage kann mündlich erhoben werden. [2] Ihr Inhalt entspricht dem § 200 Abs. 1. [3] Sie wird in das Sitzungsprotokoll aufgenommen. [4] Der Vorsitzende gibt dem Angeklagten Gelegenheit, sich zu verteidigen.

(3) [1] Die Verhandlung wird unterbrochen, wenn es der Vorsitzende für erforderlich hält oder wenn der Angeklagte es beantragt und sein Antrag nicht offenbar mutwillig oder nur zur Verzögerung des Verfahrens gestellt ist. [2] Auf das Recht, die Unterbrechung zu beantragen, wird der Angeklagte hingewiesen.

AE-ADH

§ 266 Nachtragsanklage

(1) [unverändert]

(2) [1] Die Nachtragsanklage kann mündlich erhoben werden. [2] Ihr Inhalt entspricht dem § 200 Abs. 1. [3] Der Vorsitzende gibt dem Angeklagten Gelegenheit, sich zu verteidigen.

(3) [unverändert]

geltende Fassung

§ 275 Absetzungsfrist und Form des Urteils

(1) [1] Ist das Urteil mit den Gründen nicht bereits vollständig in das Protokoll aufgenommen worden, so ist es unverzüglich zu den Akten zu bringen. [2] Dies muß spätestens fünf Wochen nach der Verkündung geschehen; diese Frist verlängert sich, wenn die Hauptverhandlung länger als drei Tage gedauert hat, um zwei Wochen, und wenn die Hauptverhandlung länger als zehn Tage gedauert hat, für jeden begonnenen Abschnitt von zehn Hauptverhandlungstagen um weitere zwei Wochen. [3] Nach Ablauf der Frist dürfen die Urteilsgründe nicht mehr geändert werden. [4] Die Frist darf nur überschritten werden, wenn und solange das Gericht durch einen im Einzelfall nicht voraussehbaren unabwendbaren Umstand an ihrer Einhaltung gehindert worden ist. [5] Der Zeitpunkt, zu dem das Urteil zu den Akten gebracht ist, und der Zeitpunkt einer Änderung der Gründe müssen aktenkundig sein.

(2) [1] Das Urteil ist von den Richtern, die bei der Entscheidung mitgewirkt haben, zu unterschreiben. [2] Ist ein Richter verhindert, seine Unterschrift beizufügen, so wird dies unter der Angabe des Verhinderungsgrundes von dem Vorsitzenden und bei dessen Verhinderung von dem ältesten beisitzenden Richter unter dem Urteil vermerkt. [3] Der Unterschrift der Schöffen bedarf es nicht.

(3) Die Bezeichnung des Tages der Sitzung sowie die Namen der Richter, der Schöffen, des Beamten der Staatsanwaltschaft, des Verteidigers und des Urkundsbeamten der Geschäftsstelle, die an der Sitzung teilgenommen haben, sind in das Urteil aufzunehmen.

AE-ADH

§ 275 Absetzungsfrist und Form des Urteils

(1) [1] **Das Urteil ist unverzüglich zu den Akten zu bringen.** [2] Dies muß spätestens fünf Wochen nach der Verkündung geschehen; diese Frist verlängert sich, wenn die Hauptverhandlung länger als drei Tage gedauert hat, um zwei Wochen, und wenn die Hauptverhandlung länger als zehn Tage gedauert hat, für jeden begonnenen Abschnitt von zehn Hauptverhandlungstagen um weitere zwei Wochen. [3] Nach Ablauf der Frist dürfen die Urteilsgründe nicht mehr geändert werden. [4] Die Frist darf nur überschritten werden, wenn und solange das Gericht durch einen im Einzelfall nicht voraussehbaren unabwendbaren Umstand an ihrer Einhaltung gehindert worden ist. [5] Der Zeitpunkt, zu dem das Urteil zu den Akten gebracht ist, und der Zeitpunkt einer Änderung der Gründe müssen aktenkundig sein.

(2) [unverändert]

(3) [unverändert]

geltende Fassung

§ 323 Vorbereitung der Berufungshauptverhandlung

(1) [1] Für die Vorbereitung der Hauptverhandlung gelten die Vorschriften der §§ 214 und 216 bis 225a. [2] In der Ladung ist der Angeklagte auf die Folgen des Ausbleibens ausdrücklich hinzuweisen.

(2) [1] Die Ladung der im ersten Rechtszug vernommenen Zeugen und Sachverständigen kann nur dann unterbleiben, wenn ihre wiederholte Vernehmung zur Aufklärung der Sache nicht erforderlich erscheint. [2] Sofern es erforderlich erscheint, ordnet das Berufungsgericht die Übertragung einer als Tonaufzeichnung zur Akte genommenen Vernehmung gemäß § 273 Abs. 2 Satz 2 in ein Protokoll an. [3] Wer die Übertragung hergestellt hat, versieht diese mit dem Vermerk, dass die Richtigkeit der Übertragung bestätigt wird. [4] Der Staatsanwaltschaft, dem Verteidiger und dem Angeklagten ist eine Abschrift des Protokolls zu erteilen. [5] Der Nachweis der Unrichtigkeit der Übertragung ist zulässig. [6] Das Protokoll kann nach Maßgabe des § 325 verlesen werden.

(3) Neue Beweismittel sind zulässig.

(4) Bei der Auswahl der zu ladenden Zeugen und Sachverständigen ist auf die von dem Angeklagten zur Rechtfertigung der Berufung benannten Personen Rücksicht zu nehmen.

§ 325 Verlesung von Urkunden

Bei der Berichterstattung und der Beweisaufnahme können Urkunden verlesen werden; Protokolle über Aussagen der in der Hauptverhandlung des ersten Rechtszuges vernommenen Zeugen und Sachverständigen dürfen, abgesehen von den Fällen der §§ 251 und 253, ohne die Zustimmung der Staatsanwaltschaft und des Angeklagten nicht verlesen werden, wenn die wiederholte Vorladung der Zeugen oder Sachverständigen erfolgt ist oder von dem Angeklagten rechtzeitig vor der Hauptverhandlung beantragt worden war.

AE-ADH

§ 323 Vorbereitung der Berufungshauptverhandlung

(1) [unverändert]

(2) [1] Die Ladung der im ersten Rechtszug vernommenen Zeugen und Sachverständigen kann nur dann unterbleiben, wenn ihre wiederholte Vernehmung zur Aufklärung der Sache nicht erforderlich erscheint. [2] Sofern es erforderlich erscheint, ordnet das Berufungsgericht **die Vorführung des Videoprotokolls einer Vernehmung** nach Maßgabe des § 325 an.

(3) [unverändert]

(4) [unverändert]

§ 325 Verlesung von Urkunden, Vorführung des Videoprotokolls

Bei der Berichterstattung und der Beweisaufnahme können Urkunden verlesen werden; **das Videoprotokoll** über Aussagen der in der Hauptverhandlung des ersten Rechtszuges vernommenen Zeugen und Sachverständigen **darf**, abgesehen von den Fällen der §§ 251 und 253, ohne die Zustimmung der Staatsanwaltschaft und des Angeklagten nicht **vorgeführt** werden, wenn die wiederholte Vorladung der Zeugen oder Sachverständigen erfolgt ist oder von dem Angeklagten rechtzeitig vor der Hauptverhandlung beantragt worden war.

geltende Fassung	AE-ADH
§ 385 Stellung des Privatklägers; Ladung; Akteneinsicht	**§ 385 Stellung des Privatklägers; Ladung; Akteneinsicht**
(1) [1] Soweit in dem Verfahren auf erhobene öffentliche Klage die Staatsanwaltschaft zuzuziehen und zu hören ist, wird in dem Verfahren auf erhobene Privatklage der Privatkläger zugezogen und gehört. [2] Alle Entscheidungen, die dort der Staatsanwaltschaft bekanntgemacht werden, sind hier dem Privatkläger bekanntzugeben.	(1) [unverändert]
(2) Zwischen der Zustellung der Ladung des Privatklägers zur Hauptverhandlung und dem Tag der letzteren muß eine Frist von mindestens einer Woche liegen.	(2) [unverändert]
(3) [1] Für den Privatkläger kann ein Rechtsanwalt die Akten, die dem Gericht vorliegen oder von der Staatsanwaltschaft im Falle der Erhebung einer Anklage vorzulegen wären, einsehen sowie amtlich verwahrte Beweisstücke besichtigen, soweit der Untersuchungszweck in einem anderen Strafverfahren nicht gefährdet werden kann und überwiegende schutzwürdige Interessen des Beschuldigten oder Dritter nicht entgegenstehen. [2] Der Privatkläger, der nicht durch einen Rechtsanwalt vertreten wird, ist in entsprechender Anwendung des Satzes 1 befugt, die Akten einzusehen und amtlich verwahrte Beweisstücke unter Aufsicht zu besichtigen. [3] Werden die Akten nicht elektronisch geführt, können dem Privatkläger, der nicht durch einen Rechtsanwalt vertreten wird, an Stelle der Einsichtnahme in die Akten Kopien aus den Akten übermittelt werden. [4] § 406e Absatz 5 gilt entsprechend.	(3) [1] Für den Privatkläger kann ein Rechtsanwalt die Akten, die dem Gericht vorliegen oder von der Staatsanwaltschaft im Falle der Erhebung einer Anklage vorzulegen wären, einsehen sowie amtlich verwahrte Beweisstücke besichtigen, soweit der Untersuchungszweck in einem anderen Strafverfahren nicht gefährdet werden kann und überwiegende schutzwürdige Interessen des Beschuldigten oder Dritter nicht entgegenstehen. [2] Der Privatkläger, der nicht durch einen Rechtsanwalt vertreten wird, ist in entsprechender Anwendung des Satzes 1 befugt, die Akten einzusehen und amtlich verwahrte Beweisstücke unter Aufsicht zu besichtigen. [3] Werden die Akten nicht elektronisch geführt, können dem Privatkläger, der nicht durch einen Rechtsanwalt vertreten wird, an Stelle der Einsichtnahme in die Akten Kopien aus den Akten übermittelt werden. [4] § 406e Absatz 5 gilt entsprechend. [5] **Das Recht auf Einsicht in die Bild-Ton-Aufzeichnung (§ 271 Absatz 2) steht nach Maßgabe der Sätze 1 und 2 auch dem Privatkläger zu.**
(4) In den Fällen der §§ 154a und 421 ist deren Absatz 3 Satz 2 nicht anzuwenden.	(4) [unverändert]
(5) [1] Im Revisionsverfahren ist ein Antrag des Privatklägers nach § 349 Abs. 2 nicht erforderlich. [2] § 349 Abs. 3 ist nicht anzuwenden.	(5) [unverändert]

geltende Fassung

§ 397 Verfahrensrechte des Nebenklägers

(1) [1] Der Nebenkläger ist, auch wenn er als Zeuge vernommen werden soll, zur Anwesenheit in der Hauptverhandlung berechtigt. [2] Er ist zur Hauptverhandlung zu laden; § 145a Absatz 2 Satz 1 und § 217 Absatz 1 und 3 gelten entsprechend. [3] Die Befugnis zur Ablehnung eines Richters (§§ 24, 31) oder Sachverständigen (§ 74), das Fragerecht (§ 240 Absatz 2), das Recht zur Beanstandung von Anordnungen des Vorsitzenden (§ 238 Absatz 2) und von Fragen (§ 242), das Beweisantragsrecht (§ 244 Absatz 3 bis 6) sowie das Recht zur Abgabe von Erklärungen (§§ 257, 258) stehen auch dem Nebenkläger zu. [4] Dieser ist, soweit gesetzlich nichts anderes bestimmt ist, im selben Umfang zuzuziehen und zu hören wie die Staatsanwaltschaft. [5] Entscheidungen, die der Staatsanwaltschaft bekannt gemacht werden, sind auch dem Nebenkläger bekannt zu geben; § 145a Absatz 1 und 3 gilt entsprechend.

(2) [1] Der Nebenkläger kann sich des Beistands eines Rechtsanwalts bedienen oder sich durch einen solchen vertreten lassen. [2] Der Rechtsanwalt ist zur Anwesenheit in der Hauptverhandlung berechtigt. [3] Er ist vom Termin der Hauptverhandlung zu benachrichtigen, wenn seine Wahl dem Gericht angezeigt oder er als Beistand bestellt wurde.

(3) Ist der Nebenkläger der deutschen Sprache nicht mächtig, erhält er auf Antrag nach Maßgabe des § 187 Absatz 2 des Gerichtsverfassungsgesetzes eine Übersetzung schriftlicher Unterlagen, soweit dies zur Ausübung seiner strafprozessualen Rechte erforderlich ist.

§ 405 Vergleich

(1) [1] Auf Antrag der nach § 403 zur Geltendmachung eines Anspruchs Berechtigten und des Angeklagten nimmt das Gericht einen Vergleich über die aus der Straftat erwachsenen Ansprüche in das Protokoll auf. [2] Es soll auf übereinstimmenden Antrag der in Satz 1 Genannten einen Vergleichsvorschlag unterbreiten.

(2) Für die Entscheidung über Einwendungen gegen die Rechtswirksamkeit des Vergleichs ist das Gericht der bürgerlichen Rechtspflege zuständig, in dessen Bezirk das Strafgericht des ersten Rechtszuges seinen Sitz hat.

AE-ADH

§ 397 Verfahrensrechte des Nebenklägers

(1) [1] Der Nebenkläger ist, auch wenn er als Zeuge vernommen werden soll, zur Anwesenheit in der Hauptverhandlung berechtigt. [2] Er ist zur Hauptverhandlung zu laden; § 145a Absatz 2 Satz 1 und § 217 Absatz 1 und 3 gelten entsprechend. [3] Die Befugnis zur Ablehnung eines Richters (§§ 24, 31) oder Sachverständigen (§ 74), das Fragerecht (§ 240 Absatz 2), das Recht zur Beanstandung von Anordnungen des Vorsitzenden (§ 238 Absatz 2) und von Fragen (§ 242), das Beweisantragsrecht (§ 244 Absatz 3 bis 6), das Recht zur Abgabe von Erklärungen (§§ 257, 258) **sowie das Recht zur Einsicht in die Bild-Ton-Aufzeichnung** (**§ 271 Absatz 2**) stehen auch dem Nebenkläger zu. [4] Dieser ist, soweit gesetzlich nichts anderes bestimmt ist, im selben Umfang zuzuziehen und zu hören wie die Staatsanwaltschaft. [5] Entscheidungen, die der Staatsanwaltschaft bekannt gemacht werden, sind auch dem Nebenkläger bekannt zu geben; § 145a Absatz 1 und 3 gilt entsprechend.

(2) [unverändert]

(3) [unverändert]

§ 405 Vergleich

(1) [1] Auf Antrag der nach § 403 zur Geltendmachung eines Anspruchs Berechtigten und des Angeklagten **stellt** das Gericht einen Vergleich über die aus der Straftat erwachsenen Ansprüche **für das Protokoll fest.** [2] Es soll auf übereinstimmenden Antrag der in Satz 1 Genannten einen Vergleichsvorschlag unterbreiten.

(2) [unverändert]

geltende Fassung	AE-ADH
§ 408a Strafbefehlsantrag nach Eröffnung des Hauptverfahrens	**§ 408a Strafbefehlsantrag nach Eröffnung des Hauptverfahrens**
(1) [1] Ist das Hauptverfahren bereits eröffnet, so kann im Verfahren vor dem Strafrichter und dem Schöffengericht die Staatsanwaltschaft einen Strafbefehlsantrag stellen, wenn die Voraussetzungen des § 407 Abs. 1 Satz 1 und 2 vorliegen und wenn der Durchführung einer Hauptverhandlung das Ausbleiben oder die Abwesenheit des Angeklagten oder ein anderer wichtiger Grund entgegensteht. [2] In der Hauptverhandlung kann der Staatsanwalt den Antrag mündlich stellen; der wesentliche Inhalt des Strafbefehlsantrages ist in das Sitzungsprotokoll aufzunehmen. [3] § 407 Abs. 1 Satz 4, § 408 finden keine Anwendung.	(1) [1] Ist das Hauptverfahren bereits eröffnet, so kann im Verfahren vor dem Strafrichter und dem Schöffengericht die Staatsanwaltschaft einen Strafbefehlsantrag stellen, wenn die Voraussetzungen des § 407 Abs. 1 Satz 1 und 2 vorliegen und wenn der Durchführung einer Hauptverhandlung das Ausbleiben oder die Abwesenheit des Angeklagten oder ein anderer wichtiger Grund entgegensteht. [2] In der Hauptverhandlung kann der Staatsanwalt den Antrag mündlich stellen. [3] § 407 Abs. 1 Satz 4, § 408 finden keine Anwendung.
(2) [1] Der Richter hat dem Antrag zu entsprechen, wenn die Voraussetzungen des § 408 Abs. 3 Satz 1 vorliegen. [2] Andernfalls lehnt er den Antrag durch unanfechtbaren Beschluß ab und setzt das Hauptverfahren fort.	(2) [unverändert]
§ 418 Durchführung der Hauptverhandlung	**§ 418 Durchführung der Hauptverhandlung**
(1) [1] Stellt die Staatsanwaltschaft den Antrag, so wird die Hauptverhandlung sofort oder in kurzer Frist durchgeführt, ohne daß es einer Entscheidung über die Eröffnung des Hauptverfahrens bedarf. [2] Zwischen dem Eingang des Antrags bei Gericht und dem Beginn der Hauptverhandlung sollen nicht mehr als sechs Wochen liegen.	(1) [unverändert]
(2) [1] Der Beschuldigte wird nur dann geladen, wenn er sich nicht freiwillig zur Hauptverhandlung stellt oder nicht dem Gericht vorgeführt wird. [2] Mit der Ladung wird ihm mitgeteilt, was ihm zur Last gelegt wird. [3] Die Ladungsfrist beträgt vierundzwanzig Stunden.	(2) [unverändert]
(3) [1] Der Einreichung einer Anklageschrift bedarf es nicht. [2] Wird eine solche nicht eingereicht, so wird die Anklage bei Beginn der Hauptverhandlung mündlich erhoben und ihr wesentlicher Inhalt in das Sitzungsprotokoll aufgenommen. [3] § 408a gilt entsprechend.	(3) [1] Der Einreichung einer Anklageschrift bedarf es nicht. [2] Wird eine solche nicht eingereicht, so wird die Anklage bei Beginn der Hauptverhandlung mündlich erhoben. [3] § 408a gilt entsprechend.
(4) Ist eine Freiheitsstrafe von mindestens sechs Monaten zu erwarten, so wird dem Beschuldigten, der noch keinen Verteidiger hat, für das beschleunigte Verfahren vor dem Amtsgericht ein Verteidiger bestellt.	(4) [unverändert]

2. Änderungen des Gerichtsverfassungsgesetzes

geltende Fassung	AE-ADH
§ 169	**§ 169**
(1) [1] Die Verhandlung vor dem erkennenden Gericht einschließlich der Verkündung der Urteile und Beschlüsse ist öffentlich. [2] Ton- und Fernseh-Rundfunkaufnahmen sowie Ton- und Filmaufnahmen zum Zwecke der öffentlichen Vorführung oder Veröffentlichung ihres Inhalts sind unzulässig. [3] Die Tonübertragung in einen Arbeitsraum für Personen, die für Presse, Hörfunk, Fernsehen oder für andere Medien berichten, kann von dem Gericht zugelassen werden. [4] Die Tonübertragung kann zur Wahrung schutzwürdiger Interessen der Beteiligten oder Dritter oder zur Wahrung eines ordnungsgemäßen Ablaufs des Verfahrens teilweise untersagt werden. [5] Im Übrigen gilt für den in den Arbeitsraum übertragenen Ton Satz 2 entsprechend.	(1) [unverändert]
(2) [1] Tonaufnahmen der Verhandlung einschließlich der Verkündung der Urteile und Beschlüsse können zu wissenschaftlichen und historischen Zwecken von dem Gericht zugelassen werden, wenn es sich um ein Verfahren von herausragender zeitgeschichtlicher Bedeutung für die Bundesrepublik Deutschland handelt. [2] Zur Wahrung schutzwürdiger Interessen der Beteiligten oder Dritter oder zur Wahrung eines ordnungsgemäßen Ablaufs des Verfahrens können die Aufnahmen teilweise untersagt werden. [3] Die Aufnahmen sind nicht zu den Akten zu nehmen und dürfen weder herausgegeben noch für Zwecke des aufgenommenen oder eines anderen Verfahrens genutzt oder verwertet werden. [4] Sie sind vom Gericht nach Abschluss des Verfahrens demjenigen zuständigen Bundes- oder Landesarchiv zur Übernahme anzubieten, das nach dem Bundesarchivgesetz oder einem Landesarchivgesetz festzustellen hat, ob den Aufnahmen ein bleibender Wert zukommt. [5] Nimmt das Bundesarchiv oder das jeweilige Landesarchiv die Aufnahmen nicht an, sind die Aufnahmen durch das Gericht zu löschen.	(2) [1] Tonaufnahmen der Verhandlung einschließlich der Verkündung der Urteile und Beschlüsse können zu wissenschaftlichen und historischen Zwecken von dem Gericht zugelassen werden, wenn es sich um ein Verfahren von herausragender zeitgeschichtlicher Bedeutung für die Bundesrepublik Deutschland handelt. [2] Zur Wahrung schutzwürdiger Interessen der Beteiligten oder Dritter oder zur Wahrung eines ordnungsgemäßen Ablaufs des Verfahrens können die Aufnahmen teilweise untersagt werden. [3] Die Aufnahmen sind nicht zu den Akten zu nehmen und dürfen weder herausgegeben noch für Zwecke des aufgenommenen oder eines anderen Verfahrens genutzt oder verwertet werden. [4] Sie sind vom Gericht nach Abschluss des Verfahrens demjenigen zuständigen Bundes- oder Landesarchiv zur Übernahme anzubieten, das nach dem Bundesarchivgesetz oder einem Landesarchivgesetz festzustellen hat, ob den Aufnahmen ein bleibender Wert zukommt. [5] Nimmt das Bundesarchiv oder das jeweilige Landesarchiv die Aufnahmen nicht an, sind die Aufnahmen durch das Gericht zu löschen. [6] **Dieser Absatz gilt nicht für Verhandlungen in Strafsachen.**
(3) [1] Abweichend von Absatz 1 Satz 2 kann das Gericht für die Verkündung von Entscheidungen des Bundesgerichtshofs in besonderen Fällen Ton- und Fernseh-Rundfunkaufnahmen sowie Ton- und Filmaufnahmen zum Zwecke der öffentlichen Vorführung oder der Veröffentlichung ihres Inhalts zulassen. [2] Zur Wahrung schutzwürdiger Interessen der Beteiligten oder Dritter sowie eines ordnungsgemäßen Ablaufs des Verfahrens können die Aufnahmen oder deren Übertragung teilweise untersagt oder von der Einhaltung von Auflagen abhängig gemacht werden.	(3) [unverändert]
(4) Die Beschlüsse des Gerichts nach den Absätzen 1 bis 3 sind unanfechtbar.	(4) [unverändert]

C. Begründung: Allgemeiner Teil

I. Grundlagen

Der Gesetzentwurf verfolgt das Ziel einer umfassenden Modernisierung der Dokumentation der Hauptverhandlung, die vom Standard des 19. Jahrhunderts auf den technischen Stand des 21. Jahrhunderts gebracht werden soll, auf dem sich eine Reihe anderer Staaten,[9] namentlich der Europäischen Union,[10] mitunter schon seit langem befinden, indem die strafgerichtliche Hauptverhandlung vollständig in Bild und Ton aufgezeichnet werden soll. Diese Modernisierung erfolgt nicht um ihrer selbst willen, sondern soll die Transparenz und Qualität der Ergebnisse der Strafjustiz erhöhen, die zu richtigeren und damit gerechteren Entscheidungen gelangen soll. Dies geschieht im Einzelnen dadurch, dass die Qualität der Sachverhaltsfeststellung in der Tatsacheninstanz und die Möglichkeiten der Kontrolle der Rechtmäßigkeit des Verfahrensgangs und der richtigen Feststellung der Beweisgrundlagen durch die Rechtsmittelinstanz verbessert werden:[11]

- Die technische Aufzeichnung in Bild und Ton ist die umfassendste und exakteste Methode der Dokumentation des Geschehens im Verhandlungsraum; bei einwandfreiem Funktionieren ist die Aufzeichnung „immer richtig“,[12] weil die technischen Geräte im Unterschied zu menschlichen Protokollführern weder müde werden noch unaufmerksam oder abgelenkt sein können. Hinsichtlich Präzision und Verlässlichkeit ist die audiovisuelle Dokumentation somit das bestmögliche Beweismittel für Vorgänge in der Hauptverhandlung.
- Das Tatgericht ist nicht länger auf eine umfassende eigene Mitschrift als Gedächtnisstütze angewiesen, sondern hat stattdessen eine weitaus

---

9 Überblick bei Bericht der Expertinnen- und Expertengruppe, S. 159 ff., mit Anlagenband, S. 278 ff.; *von Galen*, StraFo 2019, 309, 311 ff.; *Lüske*, Videoprotokoll, S. 61 ff. Zu den internationalen Strafgerichten *Schmitt*, NStZ 2019, 1, 3 ff.; *Chaitidou*, in: Hoven/Kudlich (Hrsg.), Digitalisierung und Strafverfahren, S. 179 ff.

10 In 68% der EU-Mitgliedstaaten wird die Hauptverhandlung vollständig aufgezeichnet, sei es audiovisuell, akustisch oder stenographisch, *von Galen*, StraFo 2019, 309, 318.

11 Zusammenfassend *Lüske*, Videoprotokoll, S. 255–260; *Bartel*, StV 2018, 678, 679 f.

12 So schon *Schmidt-Leichner*, 41. DJT, G 104, zum Tonbandprotokoll.

bessere Dokumentation zur Hand und kann seine Aufmerksamkeit ganz dem Geschehen der Hauptverhandlung widmen. Hierbei kann das Videoprotokoll in mannigfaltiger Weise hilfreich sein, vor allem bei der Vor- und Nachbereitung einzelner Sitzungstermine oder beim präzisen Vorhalt an Zeugen. Streitigkeiten darüber, was ein Zeuge wirklich gesagt hat, lassen sich eindeutig entscheiden. Das Videoprotokoll kann bei Zwischenberatungen und bei der abschließenden Urteilsberatung zur Kontrolle der eigenen Erinnerung herangezogen werden. Wahrnehmungs- und Gedächtnisfehler lassen sich zuverlässig vermeiden.

- Für die Verfahrensbeteiligten, insbesondere die Anklagevertretung und die Verteidigung, gilt dies entsprechend. Steht ihnen eine Bild-Ton-Aufzeichnung zeitnah zur Verfügung, erübrigen sich eigene Mitschriften weitgehend. Gericht und Verfahrensbeteiligte verfügen dann über das gleiche Verfahrensgedächtnis, womit Missverständnisse ausgeräumt und fruchtlose Auseinandersetzungen vermieden werden.
- Die Revisionsinstanz erhält eine genaue und zuverlässige Beurteilungsgrundlage für Verfahrensrügen, wodurch die Überprüfung der Rechtmäßigkeit des Ganges der Hauptverhandlung qualitativ verbessert wird. Zweifel und Streit über die Protokollbedürftigkeit eines Vorgangs, über Richtigkeit oder Auslegung der Sitzungsniederschrift, materiell nicht gerechtfertigte Urteilsaufhebungen oder -bestätigungen aufgrund fehlerhafter, aber beweiskräftiger Protokolleinträge gibt es nicht mehr.
- Aufgrund der exakten Reproduzierbarkeit der Vorgänge in der Hauptverhandlung lassen sich auch die Grundlagen der Beweiswürdigung vollumfänglich überprüfen anstatt nur ausnahmsweise. Wahrnehmungsfehler des Tatgerichts können, falls sie noch vorkommen, in der Revision korrigiert werden.

Der in einer Bild-Ton-Aufzeichnung liegende Eingriff in das allgemeine Persönlichkeitsrecht (Art. 2 Abs. 1 i.V.m. Art. 1 Abs. 1 GG) der betroffenen Personen erhält durch die vorgeschlagenen Vorschriften die nötige gesetzliche Grundlage, ist verhältnismäßig und somit verfassungsrechtlich unbedenklich. Das legitime Ziel liegt darin, die Wahrheitsfindung zu verbessern und die Rechtsstaatlichkeit der Strafjustiz zu stärken; mildere und gleich effektive Mittel sind nicht ersichtlich (näher dazu und zur Untauglichkeit der reinen Audioaufzeichnung s.u. C.V.2.).[13]

Bedenken wegen einer möglichen negativen Beeinflussung des Verhaltens der Verfahrensbeteiligten vor Gericht, namentlich einer nachteiligen

---

13 Vgl. *Lüske*, Videoprotokoll, S. 169 ff., 178 ff.; a.A. Bericht der Expertinnen- und Expertengruppe, S. 18, 87.

Beeinflussung des Aussageverhaltens, teilt der Arbeitskreis nicht. Die Erfahrungen der internationalen Strafgerichte sowie der Länder, die bereits Videotechnik einsetzen,[14] belegen solche Effekte ebenso wenig wie einschlägige Studien[15]. Zudem spricht auch die Üblichkeit, mit der heute Filmaufnahmen insbesondere durch Smartphones hergestellt und verbreitet werden, gegen die Annahme einer störenden Wirkung.

II. Einheitliche Einführung eines Videoprotokolls

1. Umfassender Anwendungsbereich

Zu dem oben dargelegten Zweck befürwortet der Arbeitskreis einen grundlegenden Technologiewechsel in der Art der Dokumentation der Hauptverhandlung vor allen Strafgerichten. Das bisher in §§ 271 bis 273 StPO geregelte schriftliche Formalienprotokoll, das seit dem Inkrafttreten der StPO im Jahr 1879 weitgehend unverändert blieb, soll vollständig abgeschafft und ersetzt werden durch die obligatorische Aufzeichnung der Hauptverhandlung in Bild und Ton, die als „Videoprotokoll" bezeichnet wird (§ 271 Abs. 1 Satz 1 StPO-AE). Das Videoprotokoll soll sowohl zeitlich als auch räumlich das gesamte Geschehen der Hauptverhandlung erfassen,[16] mithin auch alle anwesenden Personen einschließlich Gericht und Zuschauer, um die vollständige Kontrolle des äußeren Ganges der Hauptverhandlung zu ermöglichen. Nur so lässt sich z.B. überprüfen, ob die Verlesung der Anklageschrift oder die Gewährung des letzten Worts ordnungsgemäß stattgefunden haben oder ob die Öffentlichkeit zu Recht ausgeschlossen oder in gebotener Weise wiederhergestellt wurde. Auch Vorgänge, die Befangenheit besorgen lassen, Störungen der Ordnung und

---

14 Zu den USA *Lüske*, Videoprotokoll, S. 93 ff.

15 Studien zur Videoaufzeichnung der Hauptverhandlung in Strafsachen sind allerdings selten, etwa *Short, Florence & Marsh*, 1975 BYU L. Rev. 423, 445 ff.; *Hewitt*, Videotaped Trial Records, Evaluation and Guide, National Center for State Courts, 1990, S. 88 ff.; *Johnson, Krafka & Stienstra*, Video Recording Courtroom Proceedings in United States District Courts: Report on a Pilot Project, 2016, S. 24 ff., häufiger indes zu Videoaufzeichnungen polizeilicher Vernehmungen, vgl. nur *Kassin, Kukucka, Lawson & DeCarlo*, 38 Law & Human Behavior 73 ff. (2014); *dies.*, 41 Law & Human Behavior 230 ff. (2017); *Kassin, Russano, Amron, Hellgren, Kukucka & Lawson*, 45 Law & Human Behavior 45, 49 ff. m. w. Nachw. (2019); s.a. *Lüske*, Videoprotokoll, S. 166 ff.

16 So auch Bericht der Expertinnen- und Expertengruppe, S. 16.

sitzungspolizeiliche Maßnahmen (§ 182 GVG) oder Straftaten im Sitzungssaal (§ 183 GVG) werden aufgezeichnet.

Das Videoprotokoll soll – nötigenfalls mit zeitlicher Staffelung – letztlich einheitlich bei allen Strafgerichten eingeführt werden. Dafür sprechen die überlegene Zuverlässigkeit der technischen Dokumentation, die dadurch bedingte Arbeitserleichterung sowie der Gesichtspunkt der Einheitlichkeit. Im Schrifttum wird dagegen vielfach die Beschränkung der technischen Dokumentation auf erstinstanzlich tätige Landgerichte und Oberlandesgerichte befürwortet.[17] Daran ist richtig, dass wegen der fehlenden Berufungsinstanz eine umfassende Dokumentation der Beweisaufnahme in schweren Strafsachen besonders dringlich ist. Übersehen wird hierbei jedoch, dass die bislang schon bestehenden Möglichkeiten der inhaltlichen Dokumentation von Beweisvorgängen gerade für das amtsgerichtliche Verfahren vorgesehen waren (§ 273 Abs. 2 und 3 StPO) und das Ziel haben, die Berufungshauptverhandlung zu entlasten. Auch dieser Zweck kann mit dem Videoprotokoll besser erreicht werden als mit der umständlichen bestehenden Regelung,[18] deren Beibehaltung daher sachlich nicht angezeigt ist. Zudem besteht das Bedürfnis nach zuverlässiger Dokumentation des äußeren Verfahrensgangs überall. Entscheidend gegen eine unterschiedliche Behandlung amts- und land- bzw. oberlandesgerichtlicher Hauptverhandlungen spricht weiterhin, dass dann hinsichtlich der Dokumentationsvorschriften und der Form der Revisionsrügen eine missliche Rechtsspaltung einträte. Außerdem ist nicht ersichtlich, warum für die Amtsgerichte an einer als veraltet und fehleranfällig angesehenen Methode festgehalten werden sollte. Als einziger Grund für die Aussparung der Amtsgerichte bliebe der Kostenfaktor übrig, der angesichts der zunehmenden, von der Pandemie beschleunigten Ausstattung der Gerichtssäle mit Videotechnik in den Hintergrund rückt. Die Gesichtspunkte der Modernisierung und der Einheitlichkeit des rechtlichen und technologischen Standards sprechen weiterhin für eine Einführung des Videoprotokolls

---

17 Gesetzentwurf der FDP-Fraktion, BT-Drs. 19/11090, S. 4, 7; Antrag Bündnis 90/Die Grünen, BT-Drs. 19/13515, S. 2; Bericht der Expertenkommission (2015), S. 131; BRAK-Stellungnahme-Nr. 1/2010, S. 18; *Kudlich*, in: Hoven/Kudlich (Hrsg.), Digitalisierung und Strafverfahren, S. 163, 166; *Kriminalpolitischer Kreis*, S. 4 f.; *Mosbacher*, StV 2018, 182, 183 f.

18 So auch Bericht der Expertinnen- und Expertengruppe, S. 49; *Lüske*, Videoprotokoll, S. 274 f.

auch in den Berufungs- (§ 332 StPO)[19] und Revisionsinstanzen[20], zumal sich der zusätzliche Aufwand in Grenzen halten wird.

2. Ausgestaltung, Zugänglichkeit und Aufbewahrung

Die Videoaufzeichnung soll in geeigneter Weise mit einem Index versehen werden (§ 271 Abs. 1 Satz 2 StPO-AE), der die Handhabung, namentlich die präzise Bezeichnung und das schnelle Auffinden eines bestimmten Vorgangs erleichtert. Der Index dient zugleich als Inhaltsverzeichnis, das einen raschen Überblick über den Verfahrensgang ermöglicht. Das Videoprotokoll wird nach endgültiger Fertigstellung Bestandteil der Gerichtsakten (§ 271 Abs. 1 Satz 4 StPO-AE).

Die Videodokumentation soll möglichst umgehend allen Verfahrensbeteiligten zur Verfügung stehen (§ 271 Abs. 2 StPO), bei länger dauernden Verhandlungen möglichst schon am Ende jeder Sitzung. Das Gericht kann sie während der Verhandlung, etwa zu Vorhalten oder Zwischenberatungen, nutzen. Umfängliche Mitschriften werden dadurch entbehrlich, Konflikte über die Richtigkeit eines Vorhalts vermindert.[21] Dass die Aufzeichnung der Verteidigung und der Anklagebehörde grundsätzlich im gleichen Maße zugänglich sein muss wie dem Gericht, ist aus Gründen der Fairness und der Waffengleichheit selbstverständlich.[22] Die entsprechende Befugnis des Privatklägers wird in § 385 Abs. 3 Satz 5 StPO-AE, die des Nebenklägers in § 397 Abs. 1 Satz 3 StPO-AE geregelt; die Befugnisse des Einziehungsbeteiligten entsprechen gemäß § 427 Abs. 1 Satz 1 StPO ohnehin denen des Angeklagten. Nach Abschluss der Hauptverhandlung unterliegt das Videoprotokoll den allgemeinen Regeln der Akteneinsicht[23] nach §§ 32f, 474 ff. StPO und der Strafakteneinsichtsverordnung[24].

Eine Löschung des Videoprotokolls nach rechtskräftigem Abschluss des Verfahrens kommt im Gegensatz zu den Aufzeichnungen von Untersuchungshandlungen des Vorverfahrens nach § 58a Abs. 2 Satz 2 i.V.m. § 101

---

19 So auch *Lüske*, Videoprotokoll, S. 273 f.

20 A.A. *Lüske*, Videoprotokoll, S. 272 f.

21 Ebenso Bericht der Expertinnen- und Expertengruppe, S. 33.

22 Ebenso Bericht der Expertinnen- und Expertengruppe, S. 16, 33, 50, 104 ff.; a.A. *Mosbacher*, StV 2018, 182, 183.

23 Ebenso Bericht der Expertinnen- und Expertengruppe, S. 50 f.

24 Verordnung über die Standards für die Einsicht in elektronische Akten im Strafverfahren (Strafakteneinsichtsverordnung – StrafAktEinV) vom 24.2.2020, BGBl. 2020 I, 242.

Abs. 8, § 136 Abs. 4 Satz 3 und § 168a Abs. 6 Satz 3 StPO nicht in Betracht, denn im Falle etwaiger Wiederaufnahmeanträge, die unbefristet möglich sind, wird das Videoprotokoll benötigt, um die Novität von Beweismitteln (§ 359 Nr. 5, § 362 Nr. 5 StPO), ggf. auch behauptete Amtspflichtverletzungen nach § 359 Nr. 3, § 362 Nr. 3 StPO beurteilen zu können.

Zur Verhinderung von Missbrauch, insbesondere der unbefugten Weitergabe oder Veröffentlichung, durch die sowohl das Persönlichkeitsrecht der betroffenen Personen verletzt als auch der ordnungsgemäße Verfahrensablauf gefährdet werden kann, wird das Videoprotokoll, sobald es nach § 271 Abs. 1 Satz 4 StPO-AE Aktenbestandteil geworden ist, durch die technischen Vorkehrungen gemäß § 32f Abs. 4 StPO geschützt. Für die vorherige Zeitspanne während einer laufenden Hauptverhandlung sind entsprechende Vorkehrungen ratsam, die angesichts ihrer Technikabhängigkeit keiner gesetzlichen Anordnung und Ausgestaltung bedürfen[25]. Über ein bloßes Weitergabeverbot[26] (vgl. derzeit § 273 Abs. 2 Satz 3 i.V.m. § 58a Abs. 2 Satz 4 StPO) hinaus wird ergänzend eine neue flankierende Strafvorschrift (§ 353d Nr. 4 StGB-AE) vorgeschlagen.[27]

3. Datenverwendungsregeln

Für die Verwendung der Aufzeichnung in zu wiederholenden Hauptverhandlungen oder in anderen Verfahren sind keine eigenen gesetzlichen Regelungen notwendig. Wenn die Hauptverhandlung nach Aufhebung und Zurückverweisung oder bei Wiederaufnahmeverfahren zu wiederholen ist, wird die Verwendung der erhobenen personenbezogenen Daten in der neuen Hauptverhandlung durch die Zwecke legitimiert, welche die Herstellung der Aufzeichnung rechtfertigen: die Wahrheitsfindung und Wahrung der Rechtsförmlichkeit in dem konkreten Strafverfahren. Die mit der Aufzeichnung der Vorgänge in der Hauptverhandlung verbundene Speicherung personenbezogener Daten dient der rechtsförmigen Klärung des Vorwurfs, der gegenüber dem Angeklagten erhoben wird; diesem Zweck dient aber auch das Verfahren in der Rechtsmittelinstanz einschließlich des Verfahrens nach Aufhebung und Zurückverweisung sowie das Wiederaufnahmeverfahren.[28]

---

25 Vgl. die Empfehlung in BT-Drs. 18/11277, S. 26 für § 136 Abs. 4 StPO.

26 Bericht der Expertinnen- und Expertengruppe, S. 113.

27 Vgl. Bericht der Expertinnen- und Expertengruppe, S. 114 ff.

28 Ebenso Bericht der Expertinnen- und Expertengruppe, S. 82.

Anders ist es, wenn die Verwendung der Aufzeichnung anderen Zwecken als der Verfolgung wegen der angeklagten Tat dient. In diesem Fall liegt datenschutzrechtlich eine Weiterverarbeitung vor, die nach dem „Doppeltürmodell" des Bundesverfassungsgerichts sowohl einer Rechtsgrundlage für die auskunftserteilende Stelle als auch einer für die auskunftsersuchende Stelle bedarf.[29] Soweit es die auskunftserteilende Seite – die Strafjustiz – betrifft, liegen die Rechtsgrundlagen in den §§ 474 bis 481 StPO bereits vor, da die audiovisuelle Aufzeichnung nach ihrer Fertigstellung zum Aktenbestandteil werden soll (§ 271 Abs. 1 Satz 4 StPO-AE). Ob die genannten Vorschriften den datenschutzrechtlichen Anforderungen genügen oder ob die Anforderungen mit Blick auf die in Frage stehenden Daten und die mit der Weiterverarbeitung verfolgten Zwecke der Präzisierung bedürfen,[30] kann der Arbeitskreis dahingestellt lassen, da es sich hierbei nicht um eine Besonderheit der audiovisuellen Aufzeichnung handelt.

Zwar wird mit der Aufzeichnung der Hauptverhandlung unzweifelhaft in das Datenschutzgrundrecht aus Art. 8 Abs. 1 GrCh bzw. das Recht auf informationelle Selbstbestimmung i.S. von Art. 2 Abs. 1 i.V.m. Art. 1 Abs. 1 GG eingegriffen;[31] dies gilt aber gleichermaßen für die Erhebung und Speicherung sämtlicher personenbezogener Daten, die im Rahmen eines Strafverfahrens erfolgt. Die Anforderungen, die an den Schutz der audiovisuellen Aufzeichnung zu stellen sind, sind nicht notwendig höher als die, die beispielsweise an den Schutz medizinischer Gutachten oder in Sexualstrafsachen an den Schutz der Ermittlungsergebnisse zum Sexualleben zu stellen sind und die ebenfalls in der Akte enthalten sind (vgl. Art. 10 Richtlinie (EU) 2016/680, JI-Richtlinie; § 48 Abs. 1 BDSG). Über die Herausgabe ist von der aktenführenden Stelle auf der Grundlage der §§ 474 bis 481 StPO im Rahmen des Ermessens nach Verhältnismäßigkeitsgesichtspunkten zu entscheiden (vgl. Nr. 186 Abs. 1 und 2 RiStBV). Einer Sonderregelung für die Einsichtnahme in das Videoprotokoll bedarf es nicht. Dies gilt auch für die Aufzeichnungen von Hauptverhandlungen, bei denen die Öffentlichkeit ausgeschlossen war.

29 BVerfGE 130, 151, 184.
30 So der Bericht der Expertinnen- und Expertengruppe, S. 82.
31 BVerfGE 65, 1, 41 ff.; 130, 151, 178 ff.

4. Technische Umsetzung

Die technische Ausgestaltung ist wesentlich für den prozessualen Wert der Videodokumentation, wird aber im Gesetzentwurf bewusst nicht näher geregelt. Um den Änderungsbedarf des Gesetzestextes aufgrund der fortschreitenden technischen Entwicklung gering zu halten, wurde eine möglichst technikneutrale Formulierung gewählt (vgl. bisher § 58a, § 136 Abs. 4, § 168a Abs. 2 StPO), die sich auf die Anordnung bestimmter Funktionalitäten beschränkt, welche in verschiedener Weise technisch realisiert werden können.

Ungeregelt bleibt aus demselben Grund, wer die Aufzeichnungstechnik bedient (naheliegend erscheint, dies den Urkundsbeamten anzuvertrauen), wie der Index erstellt wird (ob manuell, teilweise oder ganz automatisiert), wo die Aufzeichnungen gespeichert werden, wie der Zugang der Verfahrensbeteiligten und wie der technische Schutz vor missbräuchlicher Verbreitung erfolgt.

Gemäß Art. 92 GG ist die Ausübung der Strafjustiz auch Ländersache, weshalb sich wie bei der Führung der elektronischen Akte verschiedene technische Systeme etablieren könnten, die allerdings untereinander kompatibel sein müssen, so dass gewisse bundeseinheitliche Standards vorgesehen werden müssen. Erwägenswert erscheint daher eine entsprechende Verordnungsermächtigung der Bundesregierung nach dem Vorbild der Regelungen der elektronischen Akte (§§ 32, 32b, 32c, 32f StPO).

5. Folgen technischer Probleme

Die Vorzüge der technischen Dokumentation der Hauptverhandlung realisieren sich nur, wenn die dafür installierte Gerätschaft fehlerfrei funktioniert und das Videoprotokoll später nicht beschädigt wird oder untergeht. Nach den Erfahrungen der Länder, die – wie Schweden und Spanien – teilweise schon seit Jahrzehnten Bild-Ton-Aufzeichnungen benutzen, sind Technikausfälle selten.[32] Ihnen kann durch regelmäßige Wartung und ggf. Redundanz vorgebeugt werden; zudem sollte ein technischer Service vorhanden sein, der für möglichst schnelle Reparatur sorgt. Wenn sich herausstellt, dass die Aufnahmetechnik nicht funktioniert und nicht

32 Vgl. Bericht der Expertinnen- und Expertengruppe, Anlagenband, S. 324 (Spanien), 347 (Schweden).

umgehend Abhilfe geschaffen werden kann, muss die Hauptverhandlung unterbrochen werden.[33]

Die Folgen des Verlustes oder der Beschädigung des Videoprotokolls bedürfen aus Sicht des Arbeitskreises keiner Regelung. Bisher entfällt bei Verlust der Sitzungsniederschrift die Beweiskraft gemäß § 274 StPO und für die Rekonstruktion des Protokolls gilt Freibeweis.[34] Für den Fall, dass der Verlust im Verantwortungsbereich des Staates liegt, hat der Arbeitskreis einen absoluten Revisionsgrund erwogen und verworfen,[35] weil die Verfolgung eines Sanktionszweckes wie in § 338 Nr. 7 StPO nicht angebracht wäre. Wie bisher soll Freibeweis gelten; im Falle eines *non liquet* ist eine Absenkung des Beweismaßes zugunsten des Rechtsmittelführers zu erwägen, nach der es ausreichend ist, dass das Vorliegen eines Verfahrensfehlers aufgrund konkreter Anhaltspunkte als plausibel einzustufen ist.[36]

III. Auswirkungen auf die Revision

1. Beibehaltung der Aufgabenteilung zwischen Tat- und Revisionsgerichten

Die Einführung eines Videoprotokolls könnte zum Anlass einer Generalrevision des strafprozessualen Rechtsmittelsystems genommen werden, zumal die Entwicklung der Revisionspraxis trotz mancher Vorzüge der „erweiterten Revision" nicht gänzlich unbedenklich erscheint. Dabei wird neben der Marginalisierung der Verfahrensrüge vor allem und zu Recht die mangelnde Vorhersehbarkeit des Ergebnisses eines Revisionsverfahrens beklagt.[37] Der Arbeitskreis sieht jedoch noch keine Notwendigkeit für eine Generalrevision des Rechtsmittelsystems und will daher am Grund-

---

33 A.A. Bericht der Expertinnen- und Expertengruppe, S. 16, 46 ff.

34 Maßgebend ist die Verordnung über die Ersetzung zerstörter oder abhanden gekommener gerichtlicher oder notarischer Urkunden (UrkErsV) vom 18.6.1942 – BGBl. III 315-4; s. nur LR[27]/*Stuckenberg*, § 271 Rn. 69 m. w. Nachw.

35 Ebenso Bericht der Expertinnen- und Expertengruppe, S. 17, 48.

36 Vgl. hierzu *Wohlers*, in: Fischer/Hoven (Hrsg.), Verdacht, S. 253, 261 ff.; vgl. auch SK-StPO[5]/*Meyer*, EMRK Verfahrensrecht Rn. 254 (zur Rechtsprechung des EGMR betreffend das Vorliegen von Konventionsverstößen).

37 Vgl. *Fezer*, FS Hanack, S. 331 ff.; *ders.*, FS Otto, S. 901 ff.; *Frisch*, FS Eser, S. 257, 261 ff.; *ders.*, FS Fezer, S. 353, 357 ff.; SK-StPO[5]/*Frisch*, Vor § 333 Rn. 8 ff.; eingehend *Schletz*, Die erweiterte Revision, S. 321 ff., 454 ff.; *Wohlers*, in: Wehe dem, der beschuldigt wird …, 34. Strafverteidigertag 2010, S. 103, 105 ff., jeweils m.w.Nachw.

modell der Revision als Instrument der Rechtskontrolle festhalten. Entgegen manchen Befürchtungen[38] ist der Arbeitskreis überzeugt, dass an der grundsätzlichen Aufgabenverteilung zwischen Tat- und Revisionsgericht auch nach Einführung des Videoprotokolls festgehalten werden kann. Es muss und kann durch geeignete Regelungen und Klarstellungen im Gesetz erreicht werden, dass dem Revisionsgericht auch weiterhin eine eigene Beweiswürdigung zur Schuld- und Straffrage versagt ist; sie bleibt die alleinige Aufgabe des Tatgerichts.

2. Verbesserte Nachweismöglichkeiten von Verfahrensfehlern

An der normativen Struktur der herkömmlichen Verfahrensrüge ändert sich nichts, die Möglichkeiten des Nachweises verbessern sich aber erheblich. Mängel des Verfahrens – ob eine Belehrung ordnungsgemäß erteilt, ein Hinweis gegeben wurde oder ein Schöffe geschlafen hat – können wie bisher mit der Verfahrensrüge geltend gemacht werden, wobei sich die Beweisführung wesentlich vereinfacht. Fragen wie die, ob ein Vorgang „wesentlich" und damit protokollierungsbedürftig ist oder ob die Niederschrift lückenhaft, widersprüchlich oder sonst fehlerhaft war, spielen zukünftig keine Rolle mehr. Gleichzeitig wird die Qualität der Dokumentation deutlich verbessert, weil mit dem Videoprotokoll ein überlegenes Beweismittel bereitsteht. Der Revisionsführer wird nach § 344 Abs. 2 Satz 3 StPO-AE angeben müssen, an welcher Stelle der Aufzeichnung der behauptete Fehler dokumentiert ist.

Keinerlei Änderungen ergeben sich bei der herkömmlichen Sachrüge, die Fehler der Anwendung materiellen Rechts behauptet, sowie der Sachrüge im Sinne der „erweiterten Revision", mit der anhand der Urteilsgründe die Beweiswürdigung des Tatgerichts auf Denkfehler, Lücken, Widersprüche und Vereinbarkeit mit Erfahrungssätzen überprüft werden kann. Wird nicht die Schlüssigkeit der in den Urteilsgründen enthaltenen Erwägungen des Tatgerichts zur Beweiswürdigung angegriffen, sondern das Ergebnis der Beweiswürdigung wegen Abweichungen von im Videoprotokoll dokumentierten Beweiserhebungsvorgängen für fehlerhaft gehalten (der für glaubwürdig gehaltene Zeuge hat sich tatsächlich mehrfach widersprochen), handelt es sich nicht um die Behauptung einer fehlerhaften Beweiswürdigung, sondern eines Fehlers in den Grundlagen der Be-

38 Bericht der Expertenkommission (2015), S. 133; *Meyer-Goßner*, FS Fezer, S. 135, 145 ff.; wie hier Bericht der Expertinnen- und Expertengruppe, S. 64 f.

weiswürdigung (fehlerhafte Wiedergabe oder unzureichende Erörterung eines Beweisinhalts), der mit der Verfahrensrüge als Verstoß gegen § 261 StPO zu beanstanden ist (dazu sogleich).

3. Erweiterte Überprüfbarkeit der Beweisgrundlagen

Das Vorhandensein einer lückenlosen Dokumentation der Beweisaufnahme erleichtert den Nachweis von Diskrepanzen zwischen der Beweisaufnahme und deren Wiedergabe in den Urteilsgründen erheblich und erweitert dadurch die Möglichkeiten, solche Abweichungen mit der Verfahrensrüge zu beanstanden. So kann als Verletzung des § 261 StPO nicht nur geltend gemacht werden, dass eine Tatsachenfeststellung im Urteil sich auf Beweismittel stützt, die in der Hauptverhandlung gar nicht oder nicht zulässigerweise erhoben wurden (sog. Inbegriffsrüge, § 337 Abs. 3 Nr. 1 StPO-AE), sondern auch, dass die Feststellung im Widerspruch zum Inhalt eines Beweismittels steht, dieses also im Urteil falsch wiedergegeben wird (im folgenden „Differenzrüge“[39] als Unterart der Inbegriffsrüge).

Die Rechtsprechung hält die Differenzrüge auch schon nach geltendem Recht für zulässig, allerdings nur dann, wenn der Widerspruch ohne Rekonstruktion der Hauptverhandlung feststellbar ist, er sich also aus sog. „paraten“ Beweismitteln wie Sitzungsniederschrift oder Urkunden ergebe, nicht hingegen aus Tonaufzeichnungen, Lichtbildern oder Videosequenzen. Insbesondere könne, vom Ausnahmefall des § 273 Abs. 3 StPO abgesehen, nicht gerügt werden, ein Zeuge habe anders ausgesagt als im Urteil angegeben.[40]

§ 337 Abs. 3 Nr. 2 StPO-AE bricht mit der bisherigen Rechtsprechung und erklärt die Differenzrüge für grundsätzlich zulässig, da der Arbeitskreis die nur ausnahmsweise Kontrolle der Beweisgrundlagen für nicht zu rechtfertigen hält. Er sieht weder im Gesetz noch in der vom Gesetz vorausgesetzten Aufgabenverteilung zwischen Tat- und Revisionsgericht eine Grundlage für ein „Verbot der Rekonstruktion der Hauptverhandlung“ in

---

39 Ausdruck von LR[27]/*Sander*, § 261 Rn. 253, 257 ff.

40 Dazu *Bartel*, Das Verbot der Rekonstruktion der Hauptverhandlung, S. 19 ff.; *Drews*, Die Revisibilität fehlerhafter Feststellungen zum Inhalt einer Zeugenaussage im Strafurteil, passim; *Hamm/Pauly*, Die Revision in Strafsachen[8], Rn. 342 ff.; *Lüske*, Videoprotokoll, S. 208 ff.; *Schletz*, Die erweiterte Revision, S. 406 ff.; *Wehowsky*, NStZ 2018, 177, 179 ff.; *Wohlers*, JZ 2021, 116, 118 f.; alle m. w. Nachw.

Form einer prinzipiellen Beschränkung der revisionsgerichtlichen Rechtsfehlerkontrolle.[41]

Mit dem Videoprotokoll liegt künftig ein zuverlässiges und leicht zu handhabendes Beweismittel für in der Hauptverhandlung erhobene Beweise vor, so dass eine Überprüfung des Beweismittelinhalts ohne weiteres möglich ist und die bisherige Differenzierung nach „paraten" und sonstigen Beweismitteln entfällt.[42] Dabei geht der Arbeitskreis davon aus, dass eine Trennung zwischen der Beweiswürdigungsgrundlage („Was hat der Zeuge gesagt?" Hierfür genügt die Wahrnehmung der Aussage selbst.) und dem Vorgang der Beweiswürdigung („Ist der Zeuge glaubwürdig? Ist die Aussage glaubhaft?" Hierfür ist auch die Wahrnehmung *aller anderen* Beweismittel nötig.) nicht nur theoretisch möglich ist,[43] sondern auch längst praktiziert wird, etwa in Österreich bei der Prüfung der „Aktenwidrigkeit" der Entscheidungsgründe[44].

Da das Verständnis von Aussagen kein bloßes Produkt sinnlicher Wahrnehmung ist, sondern auch verstehender Deutung bedarf, ist dieser Vorgang jedenfalls bei langen, komplizierten, womöglich inkonsistenten Aussagen nicht vollständig objektivierbar. Deshalb muss sich die Überprüfung durch das Revisionsgericht auf eine Vertretbarkeitskontrolle beschränken.

---

41 Näher *Wohlers*, JZ 2021, 116, 120 f.; s.a. *Lüske*, Videoprotokoll, S. 224 ff.; *Schletz*, Die erweiterte Revision, S. 551 ff.; grundlegend *Fezer*, in: Ebert (Hrsg.), Aktuelle Probleme der Strafrechtspflege, S. 89, 103 ff., 108 ff.; a.A. *Wehowsky*, NStZ 2018, 177, 182 f.

42 Ebenso Bericht der Expertinnen- und Expertengruppe, S. 69.

43 *Wohlers*, JZ 2021, 116, 121 f., 124; *Geißler*, Untersuchungen, S. 49 ff.

44 Die einschlägige Vorschrift des § 281 Abs. 1 Ziff. 5 und 5a öStPO lautet:
„(1) Die Nichtigkeitsbeschwerde kann […] ergriffen werden, jedoch, sofern sie nicht nach besonderen gesetzlichen Vorschriften auch in anderen Fällen zugelassen ist, nur wegen eines der folgenden Nichtigkeitsgründe: […]
5. wenn der Ausspruch des Schöffengerichts über entscheidende Tatsachen (§ 270 Abs. 2 Z 4 und 5) undeutlich, unvollständig oder mit sich selbst im Widerspruch ist; wenn für diesen Ausspruch keine oder nur offenbar unzureichende Gründe angegeben sind; oder wenn zwischen den Angaben der Entscheidungsgründe über den Inhalt einer bei den Akten befindlichen Urkunde oder über eine Aussage und der Urkunde oder dem Vernehmungs- oder Sitzungsprotokoll selbst ein erheblicher Widerspruch besteht;
5a. wenn sich aus den Akten erhebliche Bedenken gegen die Richtigkeit der dem Ausspruch über die Schuld zugrunde gelegten entscheidenden Tatsachen ergeben; […]"
Dazu OGH 12 Os 135/18x = EvBl-LS 2019/56; *Ratz*, in: Fuchs/Ratz (Hrsg.), Wiener Kommentar zur StPO, 312. Lfg. 2020, § 281 Rn. 467 ff.; *Schmoller*, in: Birklbauer/Haumer/Nimmervoll/Wess (Hrsg.), Linzer Kommentar zur Strafprozessordnung, 2020, § 281 Abs. 1 Z. 5 und 5a Rn. 59 ff.

Diese Beschränkung ergibt sich zudem aus der Abgrenzung von Verantwortungsbereichen zwischen Tat- und Rechtsmittelgericht, wonach letzteres seine eigene Wahrnehmung nicht an die Stelle der Vorinstanz setzen, sondern nur prüfen soll, ob die Vorinstanz diese Wahrnehmung in objektiv nachvollziehbarer Weise haben konnte. Der Entwurf schreibt daher die Offensichtlichkeit der Abweichung als generellen Maßstab in § 337 Abs. 3 Nr. 2 2. Alt. StPO-AE fest.[45]

Verbesserungen des Nachweises ergeben sich auch bei der Rüge der fehlenden oder unzureichenden Erörterung nach § 261 StPO (umgekehrte Inbegriffs- oder Nichtausschöpfungsrüge, vgl. § 337 Abs. 3 Nr. 2 1. Alt. StPO-AE). Dies betrifft z.B. die irrige Annahme des Gerichts, der Angeklagte habe sich nicht eingelassen, oder auch die gänzliche oder teilweise Nichtberücksichtigung von Zeugenaussagen oder Sachverständigengutachten. Entsprechendes gilt für die unzureichende Ausschöpfung eines erhobenen Beweismittels nach § 244 Abs. 2 StPO (Aufklärungsrüge). Hier kann durch das Videoprotokoll ohne weiteres nachgewiesen werden, dass z.B. einem Zeugen bestimmte Fragen nicht gestellt, ein Vorhalt nicht gemacht, Widersprüche zwischen mündlichem und schriftlichem Sachverständigengutachten nicht geklärt wurden.

4. Keine Überlastung der Revisionsgerichte

Eine Überlastung der Revisionsgerichte durch eine Flut von Differenzrügen wird vom Arbeitskreis aus mehreren Gründen nicht befürchtet. Zum einen lassen sich solche Diskrepanzen mithilfe des Videoprotokolls schon in der Tatsacheninstanz vermeiden,[46] wie die Erfahrung der internationalen Strafgerichte[47] zeigt. Zum anderen wird eine Überlastung durch die bisherige Ausgestaltung der Rügeanforderungen und ergänzende Neuerungen dieses Entwurfs verhindert. Zwar ist nun die gesamte Beweisaufnahme dokumentiert und überprüfbar, es bleibt aber dabei, dass Rechts-

---

45 Für eine Beschränkung auf evidente Widersprüche auch der Bericht der Expertinnen- und Expertengruppe, S. 65 f.; *Ignor/Schlothauer*, Bericht der Expertenkommission (2015), Anlagenband 1, S. 476, 478; *Mosbacher*, StV 2018, 182, 185; a.A. jetzt *Ignor*, FS Werle, S. 787, 799. Zum amerikanischen „clear error"-Maßstab s.u. Fn. 105.

46 *Lüske*, Videoprotokoll, S. 250 f.; *Leitner*, Videotechnik, S. 135, 140; *Hamm*, in: Bericht der Expertenkommission, Anlagenband 1, S. 656; *Wehowsky*, NStZ 2018, 177, 186; *Malek*, StV 2011, 559, 564; *Ignor*, FS Werle, S. 787, 799.

47 *Schmitt*, NStZ 2019, 1, 6.

mittelführer behauptete Mängel der Beweisaufnahme konkret benennen müssen, § 344 Abs. 2 Satz 2 StPO. Bezogen auf die Differenzrüge bedeutet dies, dass der Beschwerdeführer die Stelle des Videoprotokolls anzugeben hat, aus der sich ein objektiv nicht mehr nachvollziehbarer Widerspruch zwischen der Dokumentation des Beweisverfahrens und der Darstellung des Beweises im angefochtenen Urteil ergibt. Den Gefahren eines unvollständigen oder unzutreffenden Vortrags, etwa dass ein Verfahrensfehler an anderer Stelle geheilt wurde,[48] wird dadurch begegnet, dass die Staatsanwaltschaft bei diesen Rügen eine Gegenerklärung abgeben muss (schon nach dem geltenden § 347 Abs. 1 Satz 3 StPO), in der sie etwaige Ergänzungen vorbringt und die Stellen des Videoprotokolls benennt, die dem Revisionsvortrag entgegenstehen.[49] Zudem kann das Tatgericht, dessen Urteil angegriffen wird, sich dazu äußern (§ 347 Abs. 2 StPO-AE).

Die Prüfung des Revisionsgerichts beschränkt sich auf diesen Vortrag (§ 352 Abs. 1 Satz 2 StPO-AE), so dass es nicht dazu kommen kann, dass das Revisionsgericht die gesamte Aufzeichnung einer Wochen oder Monate währenden Hauptverhandlung anschauen muss. Aufgrund dieser Beschränkung liegt die Verantwortung dafür, dass dem Revisionsgericht alles relevante Aufzeichnungsmaterial unterbreitet wird, bei den Verfahrensbeteiligten und dem Tatgericht. Schließlich ist darauf hinzuweisen, dass sich im Ausland funktional identische Sorgen der Entgrenzung des Kontrollumfangs der Rechtsmittelgerichte nicht bewahrheitet haben.[50] Es hängt freilich auch von den Rechtsmittelgerichten selbst ab, ob sie der Versuchung widerstehen, eine eigene Beweiswürdigung anzustellen und sich damit als „Tatrichter hinter dem Tatrichter“[51] zu gerieren.

IV. Folgeänderungen

Als Folgeänderungen werden kleinere Anpassungen insbesondere derjenigen Vorschriften notwendig, die eine Protokollierung bestimmter Vorgänge ausdrücklich anordnen oder versagen. Da alle Vorgänge der Hauptverhandlung von der Bild-Ton-Aufzeichnung erfasst werden, wird eine solche

---

48 *Meyer-Goßner,* FS Fezer, S. 135, 146; *Wehowsky*, NStZ 2018, 177, 184; dazu *Lüske*, Videoprotokoll, S. 244 ff.

49 Dagegen Bericht der Expertinnen- und Expertengruppe, S. 75; skeptisch auch *Lüske*, Videoprotokoll, S. 246 f.; *Wehowsky*, NStZ 2018, 177, 183 f.

50 *Maher*, Do Video Transcripts Affect the Scope of Appellate Review? An Evaluation in the Kentucky Court of Appeals, S. 17 ff.

51 Ausdruck von *Wohlers*, JZ 2011, 78 f.

Anordnung wie etwa in § 266 Abs. 2 Satz 3 StPO gegenstandslos. Es kann stattdessen erforderlich werden, bestimmte Feststellungen oder Erklärungen wie über den Grund einer Protokollverlesung in § 255 StPO ausdrücklich abzugeben, damit sie explizit im Videoprotokoll vorhanden sind. Dafür wird einheitlich die Formulierung „für das Protokoll feststellen" benutzt. „Protokoll" wird als Oberbegriff für alle Arten der Verfahrensdokumentation benutzt und schließt das Videoprotokoll der Hauptverhandlung sowie die Protokollierung von Vorgängen in anderen Verfahrensabschnitten mit ein.

In der Berufung vereinfacht der Technologiewechsel in der Dokumentation die Vorschriften über die Übernahme von Aufzeichnungen aus der Vorinstanz in den §§ 323, 325 StPO erheblich.

Gegenstandslos in Strafsachen wird auch die Regelung des § 169 Abs. 2 GVG, die Tonaufzeichnungen für wissenschaftliche oder historische Zwecke ermöglicht, weil künftig jede Hauptverhandlung vor einem Strafgericht in Bild und Ton aufgezeichnet wird. Nötig bleiben dann nur noch Vorschriften, die den Zugang zum Videoprotokoll regeln. Neue besondere Regeln sind jedoch entbehrlich. Solange das Protokoll Bestandteil der von der aktenführenden Stelle verwahrten Gerichtsakten ist, richtet sich der Zugang nach den allgemeinen Regeln über die Akteneinsicht, insbesondere § 476 StPO. Sofern danach eine Abgabe an ein Landes- oder Bundesarchiv erfolgt, sind die in den jeweiligen Archivgesetzen vorgesehenen Zugangsregularien maßgebend.

V. Alternativen

1. Bloße Ergänzung des bisherigen Protokolls um eine technische Aufzeichnung

Die bloße Ergänzung des bisherigen Protokolls um eine technische Dokumentation als Anlage, wie sie vielfach vorgeschlagen wird,[52] wäre nach Ansicht des Arbeitskreises eine unzureichende, halbherzige Maßnahme, mit der allenfalls einzelne Verbesserungen erreicht, etliche bestehende Mängel aber nicht behoben würden. Als Methode der Dokumentation des Verfahrensgangs ist die Bild-Ton-Aufzeichnung dem von Menschen geführten

---

52 Bericht der Expertinnen- und Expertengruppe, S. 16, 24, 75; FDP-Gesetzentwurf, BT-Drs. 19/11090; *Kriminalpolitscher Kreis*, S. 5; *Lüske*, Videoprotokoll, S. 277 f.; *Schletz*, Die erweiterte Revision, S. 590.

Formalienprotokoll weit überlegen, weil sie umfassender, zuverlässiger und, sofern die Technik funktioniert, immer fehlerfrei ist. Neben einer vollständigen technischen Aufzeichnung besitzt das bisherige unzulängliche Protokoll keine bewahrenswerte Funktion mehr; die Unterscheidung von wesentlichen und nicht wesentlichen Förmlichkeiten wird hinfällig, auch die Beweisregel des § 274 StPO wird endgültig obsolet.[53] Tat- und Revisionsgericht werden dadurch von den zahlreichen mit §§ 271 ff. StPO verbundenen Mühen und Streitfragen vollständig entlastet; alle Probleme der angesichts des Grundsatzes der freien richterlichen Überzeugung ohnehin systemwidrigen, zumal praktisch unwiderleglichen Beweisregeln der positiven und negativen Beweiskraft des Protokolls wie die resultierenden Konflikte zwischen formeller und materieller Wahrheit, das Berichtigungsverfahren und das Problem der Rügeverkümmerung entfallen vollständig. Künftig gilt auch beim Beweis von Verfahrensvorgängen die allgemeine Regel, dass es auf die materielle Wahrheit ankommt, wofür zugleich ein nahezu unfehlbares Beweismittel zur Hand ist. Schließlich rechtfertigt der Nebeneffekt des bisherigen Protokolls, dass es bei einem Verteidigerwechsel nach Rechtsmitteleingang dem Revisionsverteidiger als nützliche Übersicht über den Gang der Hauptverhandlung dient, seine Beibehaltung nicht,[54] weil ein Index zum Videoprotokoll diese Funktion ebenso gut, wenn nicht sogar besser – etwa durch die Möglichkeit des direkten Sprungs zum verlinkten Aufzeichnungsabschnitt – erfüllen kann.

2. Reine Audioaufzeichnung

Der Arbeitskreis sieht in der bis in die jüngste Zeit noch vorgeschlagenen bloßen Tonaufzeichnung[55] keine gleichwertige oder gar vorzugswürdige Alternative zu einer Videoaufzeichnung. Eine Beschränkung auf dieses Medium würde bei einem nur unwesentlich geringeren technischen Aufwand zu einem deutlichen Informationsverlust führen und auch weniger nutzerfreundlich sein.

---

53 So schon *Meyer-Goßner*, FS Fezer, S. 135, 145.

54 A.A. Bericht der Expertinnen- und Expertengruppe, S. 60.

55 DAV, AnwBl. 1993, 328 f.; *Mertens*, FS Grünwald, S. 367 ff.; *Ignor/Schlothauer*, in: Bericht der Expertenkommission (2015), Anlagenband 1, S. 478; *Mosbacher*, StV 2018, 182, 183; *ders.*, ZRP 2019, 158, 159; Bericht der Expertinnen- und Expertengruppe, S. 16, 24, 27, 94 ff.; dazu *Lüske*, Videoprotokoll, S. 139 ff.

So können bestimmte Wortbeiträge oder Verhandlungsteile mit Hilfe von Bildaufzeichnungen viel leichter aufgefunden werden. Außerdem lässt sich das Gesprochene dem Sprecher sogleich zuordnen, was bei einer reinen Tonaufzeichnung etwa dann, wenn mehrere Beteiligte gleichzeitig sprechen oder sich deren Stimmenklang ähnelt, Schwierigkeiten bereiten kann.[56] Mit einer Videoaufzeichnung wird zudem das Geschehen in der Hauptverhandlung umfassender dokumentiert, da auch das nonverbale Verhalten im Gerichtssaal (schlafende Schöffen, auf Befangenheit hindeutende Mimik von Gerichtspersonen, gestische Kommunikation von Verfahrensbeteiligten mit Zeugen, Ungebühr von Zuschauern usw.) erfasst wird. Soweit mit der Videoaufzeichnung auch nonverbale Reaktionen wie Erröten oder Schwitzen eingefangen werden und dann entgegen den Erkenntnissen der Aussagepsychologie zur Beurteilung der Glaubhaftigkeit herangezogen werden, ist dies kein Argument gegen den Einsatz der Videotechnik.[57] Es bleibt vielmehr bei der auch bei einer allein unmittelbaren Wahrnehmung beschränkten Aussagekraft des nonverbalen Aussageverhaltens, das gleichwohl ein wesentlicher Grund für die Maxime der materiellen Unmittelbarkeit der Hauptverhandlung ist. Die Videoaufzeichnung erfolgt nicht, um problematische Beweiswürdigungen zu ermöglichen, zu denen es ohne den Einsatz dieser Technik nicht kommen würde, sondern um das Prozessgeschehen in seiner ganzen Breite abzubilden.

Eine Verletzung des Nemo-tenetur-Grundsatzes durch Aufzeichnung der äußeren Erscheinung der Angeklagten[58] hält der Arbeitskreis für fernliegend. Der Nemo-tenetur-Grundsatz verbietet es, den Beschuldigten zu einer aktiven Mitwirkung im Verfahren zu zwingen; er schließt es aber nicht aus, dass das Gericht und andere Verfahrensbeteiligte den Angeklagten während der Hauptverhandlung beobachten und aus seinem Verhalten Schlüsse ziehen.[59] Dass es in der Regel schwierig bis unmöglich sein wird, aus dem Verhalten des Beschuldigten tragfähige Schlüsse abzuleiten,

---

56 So schon *Röhl*, JZ 1956, 591 f.

57 Siehe dagegen den Bericht der Expertinnen- und Expertengruppe, S. 95.

58 Bericht der Expertinnen- und Expertengruppe, Anlagenband, S. 40 f. mit Verweis auf *El-Ghazi/Hoffmann*, StV 2020, 864.

59 Die Berücksichtigung des nonverbalen Ausdrucksverhaltens gerät nach ganz überwiegender Auffassung jedenfalls beim sich einlassenden Angeklagten nicht in Konflikt mit dem Nemo-tenetur-Grundsatz, BGH NJW 1999, 657, 659; *Frister*, ZStW 106 (1994), 303, 321; LR[27]/*Gleß*, § 136 Rn. 35a; KK-StPO[8]/*Ott*, § 261 Rn. 38; SK-StPO[5]/*Velten*, § 261 Rn. 68; mit anderer Begründung *Verrel*, Die Selbstbelastungsfreiheit im Strafverfahren, S. 204 ff.

hat mit dem Nemo-tenetur-Grundsatz nichts zu tun, sondern betrifft die Grenzen der freien Beweiswürdigung.[60]

Darüber hinaus besteht nach der bisherigen, auf ausländische Erfahrungen und US-amerikanische Untersuchungen vornehmlich von polizeilichen Vernehmungen beschränkten Studienlage[61] auch kein Anlass zu der Sorge, dass sich eine Videoaufzeichnung negativ auf das Aussageverhalten auswirken könnte. Abgesehen davon, dass dieser Einwand auch gegen die schon jetzt vorhandenen Möglichkeiten einer solchen Aufzeichnung geltend gemacht werden müsste, spricht auch die Üblichkeit, mit der heute Filmaufnahmen insbesondere durch Smartphones hergestellt und verbreitet werden, gegen die Annahme einer störenden Wirkung. Gleiches gilt für die Selbstverständlichkeit, mit der heute digitale Konferenzen durchgeführt und vielfach auch aufgezeichnet werden.

Nicht überzeugend ist schließlich auch die Behauptung, eine Videoaufzeichnung stelle einen nicht erforderlichen, mithin unverhältnismäßigen Eingriff in die Persönlichkeitsrechte der im Gerichtssaal anwesenden Personen dar. Da die Videoaufzeichnung einen weitaus größeren Nutzen für die Verfahrensdokumentation aufweist, ist der darin liegende, vergleichsweise moderate Grundrechtseingriff materiell gerechtfertigt und verhältnismäßig.[62] Insoweit ist zu bedenken, dass die Durchführung eines Strafverfahrens für die Beteiligten mit vielfältigen, u.U. schwerwiegenden Grundrechtseingriffen verbunden sein kann. Die Belastung durch die audiovisuelle Aufzeichnung besteht im Wesentlichen in der Konservierung des Prozessverhaltens der Beteiligten, die jedoch nicht jedermann zugänglich ist, sondern nur streng zweckgebunden von einem sehr engen Personenkreis eingesehen werden kann.

Die weitere Befürchtung, dass die – wie in Österreich,[63] Schweden und Spanien – den Zuschauerraum mitumfassende Aufzeichnung eine

---

60 Nimmt man mit *El-Ghazi/Hoffmann*, StV 2020, 864, 866 ff. an, dass nonverbales Verhalten des schweigenden Angeklagten unverwertbar sei, so gilt dies sowohl für unmittelbar beobachtetes wie für aufgezeichnetes Verhalten. Ein Argument gegen die Aufzeichnung ergibt sich daraus nicht.

61 Oben Fn. 15.

62 A.A. Bericht der Expertinnen- und Expertengruppe, S. 50, 55.

63 Videokameras zur Aufzeichnung der Hauptverhandlung sind in Österreich vielfach so beim Richtertisch positioniert, dass sie den Blick aus der Perspektive des Gerichts aufzeichnen und damit i.d.R. auch den Zuschauerraum umfassen. Da die Videoaufzeichnung zuvor (d.h. unmittelbar bei Beginn der Hauptverhandlung) allen Beteiligten bekannt zu machen ist (§ 271a Abs. 1 Satz 2 öStPO), wird diese auch den Zuschauer(inne)n bekannt, sodass sie sich der Aufzeichnung bewusst aussetzen. Soweit ersichtlich, wird die Problematik bezüglich des Zuschau-

unzulässige, weil unverhältnismäßige Einschränkung des allgemeinen Persönlichkeitsrechts der Zuschauer und eine Verletzung des Grundsatzes der Öffentlichkeit begründen könnte,[64] teilt der Arbeitskreis nicht. Der in der Aufzeichnung der Zuschauer liegende Eingriff in ihr allgemeines Persönlichkeitsrecht erhält in der vorgeschlagenen Vorschrift des § 271 StPO-AE eine gesetzliche Grundlage, die dem öffentlichen Interesse an der verlässlichen und vollständigen Dokumentation der mündlichen Verhandlung in Strafsachen dient und verhältnismäßig ist. Der Eingriff ist vergleichsweise moderat, da die Aufzeichnung in der Regel lediglich die Anwesenheit der sich passiv verhaltenden Personen auf den Zuschauersitzen dokumentiert. Dem steht als legitimer Zweck das staatliche Interesse an der verlässlichen und vollständigen Dokumentation des Verfahrensganges gegenüber, die der Überprüfbarkeit seiner Gesetzmäßigkeit dient und infolgedessen auch etwaige Geschehnisse im Zuschauerraum umfassen sollte, insbesondere (s.o. C.II.1.) auch, ob die Öffentlichkeit (wieder) zugelassen war oder zu Recht ausgeschlossen wurde, ob Versuche der Einflussnahme auf Zeugen oder Angeklagte aus dem Saalpublikum vorgekommen sind, ob Ungebührlichkeiten oder gar Straftaten geschehen sind und sitzungspolizeiliche Maßnahmen ergriffen worden sind. Diese Umstände und Geschehnisse sind bisher schon protokollpflichtig gewesen nach § 273 Abs. 1 StPO, § 174 Abs. 3 Satz 2 GVG, §§ 182, 183 GVG und lassen sich künftig sehr viel besser überprüfen als bisher.[65]

Schließlich sieht der Arbeitskreis in der Aufzeichnung des Zuschauerraums, auf die öffentlich hinzuweisen ist, auch keine Gefährdung des Verfassungsgrundsatzes der Öffentlichkeit des Verfahrens.[66] Einem physischen Zugangshindernis steht „keineswegs jede möglicherweise als psychologische Hemmschwelle wirkende Maßnahme“ gleich, sondern allenfalls Maßnahmen, von denen „ein starker psychischer Druck dadurch ausgeht“, dass der unbefangene Interessent den Eindruck haben könne, dass der Besuch der Hauptverhandlung für ihn konkrete Nachteile nach sich ziehen

erraums in Österreich nicht näher diskutiert. Allgemein zur Videoaufzeichnung der Hauptverhandlung in Österreich: *Danek/Mann*, in: Fuchs/Ratz (Hrsg.), Wiener Kommentar zur StPO, 333. Lfg. 2020, § 271a Rn. 1 ff.; *Köpf/Birklbauer*, JSt 2022, 128; *Birklbauer*, JSt 2020, 293; *Sautner*, JBl 2019, 210.

64 So aber Bericht der Expertinnen- und Expertengruppe, S. 18, 87, 96 ff., 99.

65 Vgl. den amerikanischen Fall *Walker v. State*, 723 A.2d 922, 925, 932 ff. (Md.App. 1999), in dem erst die Videoaufzeichnung (“a picture is worth a thousands words”) belegte, dass die Familie des Angeklagten zu Unrecht wegen Ungebühr des Saales verwiesen wurde.

66 So aber Bericht der Expertinnen- und Expertengruppe, S. 18, 93, 96 ff.

werde.[67] Solche konkreten Nachteile sind hier nicht ersichtlich. Überdies kommt es nicht allein auf das Faktum einer etwaigen psychischen Hemmschwelle bei einzelnen Interessenten an; denn der Grundsatz der Öffentlichkeit gilt nicht ausnahmslos[68] und wird durch die Erfordernisse der Funktionsfähigkeit der Rechtspflege, namentlich das Erfordernis ungestörter Wahrheits- und Rechtsfindung beschränkt.[69] Sicherheitsmaßnahmen wie Einlasskontrollen oder Videoüberwachung sind daher ganz überwiegend für zulässig erachtet worden,[70] ebenso Maßnahmen zur Pandemiebekämpfung,[71] auch wenn sie auf vereinzelte Personen abschreckend wirken mögen. Dies muss auch für die gebotene Verfahrensdokumentation gelten, zumal die Beschränkung des Zugangs zu den Aufnahmen auf die Verfahrensbeteiligten und die Gerichte gesetzlich sichergestellt ist. Eine anonyme Öffentlichkeit wird nicht garantiert.[72]

3. Zusätzliche Verschriftung

Der Gesetzentwurf sieht keine Verschriftung der Bild-Ton-Aufzeichnung vor. Der Arbeitskreis betrachtet eine Übertragung der Aufzeichnung in ein schriftliches Wortlautprotokoll zwar als Ideallösung,[73] sieht aber derzeit dafür noch keine realistische Umsetzungsmöglichkeit. Erfahrungsberichte aus den internationalen Strafgerichtshöfen belegen übereinstimmend, dass in den dortigen Umfangsverfahren viel und praktisch ausschließlich mit der Schriftfassung gearbeitet wird, auch zur Vorbereitung von Terminen

---

67 BGH NJW 1980, 249 f.

68 BVerfGE 103, 44, 63 m. w. Nachw.

69 BVerfG NJW 2012, 1863, 1864.

70 BVerfGK 19, 352 = BVerfG NJW 2012, 1863, 1865; BGH NJW 1980, 249 f.; BGHSt 27, 13, 15; OVG Berlin-Brandenburg NJW 2010, 1620, 1621; Zöller/*Lückemann*, ZPO[34], § 169 GVG Rn. 6 m. w. Nachw. Für die Videoüberwachung des Eingangsbereichs des Gerichts: LG Itzehoe NJW 2010, 3525 = MDR 2010, 1285; Kissel/*Mayer*, GVG[10], § 169 Rn. 40; Zöller/*Lückemann*, ZPO[34], § 169 GVG Rn. 6; *Dickert/Hagspiel*, BayVBl. 2013, 102, 103; *Klotz*, NJW 2011, 1186; a.A. VG Wiesbaden NJW 2010, 1220 = MDR 2010, 770. Eine gesetzliche Grundlage für eine Videoüberwachung von Justizgebäuden findet sich etwa in § 31a Abs. 2 Nr. 1 JustG NRW (GVBl. NRW 2022, 254).

71 OVG Lüneburg NJW 2021, 650; OVG Schleswig NJW 2020, 3127; OVG Berlin 27.5.2020 – 11 S 43/20.

72 Kissel/*Mayer*, GVG[10], § 169 Rn. 40.

73 Ebenso Bericht der Expertinnen- und Expertengruppe, S. 49 ff.; nur für Verschriftung: *Ignor*, FS Werle, S. 787, 789 ff.

in der ersten Instanz selbst. Stenographische Mitschriften oder nachträgliche Übertragungen der Videoaufzeichnung sind allerdings zeit- und kostenintensiv. Der erhebliche Aufwand, der dafür an den internationalen Strafgerichtshöfen getrieben wird, wird sich nicht an jeder deutschen Strafkammer und an jedem Schöffengericht treiben lassen.

Derzeit diskutierte Alternativlösungen wie eine automatisierte Übertragung durch selbstlernende Software erscheinen zwar vielversprechend, sind aber noch nicht hinreichend ausgereift für den sofortigen Einsatz in der Praxis. Denn die Transkription müsste nicht nur bei deutlich artikulierenden Sprechern der Hochsprache, sondern auch undeutlichen Dialektsprechern und fremdsprachigen Personen so zuverlässig arbeiten, dass keine umfangreiche manuelle Korrektur (vgl. § 168a Abs. 5 StPO) nötig ist. Die technologische Entwicklung mag diesen Zeitpunkt in näherer Zukunft erreichen; bis dahin kommt jedoch die gesetzliche Anordnung einer ungeprüften automatisierten Verschriftung nicht in Frage.[74]

---

74 A.A. *Ignor*, FS Werle, S. 787, 789 ff.

D. Begründung: Besonderer Teil

I. Einführung des Videoprotokolls

1. Änderungen der Strafprozeßordnung

§ 271 StPO-AE Dokumentation der Hauptverhandlung

[§ 271 wird wie folgt neu gefasst:]

(1) [1] Die Hauptverhandlung ist in Bild und Ton aufzuzeichnen (Videoprotokoll). [2] Die Aufzeichnung ist mit einem Index zu versehen, aus dem der Gang der Hauptverhandlung ersichtlich ist. [3] Der Ort und der Tag der Verhandlung, die Namen aller teilnehmenden Personen und die Bezeichnung der Straftat nach der Anklage sind anzugeben; ebenso ist anzugeben, ob öffentlich verhandelt wird. [4] Das fertiggestellte Videoprotokoll wird als deren Bestandteil zu den Akten genommen. [5] Vor der Fertigstellung des Videoprotokolls darf das Urteil nicht zugestellt werden.

(2) Die Staatsanwaltschaft, der Angeklagte und der Verteidiger erhalten bereits während der Hauptverhandlung Zugang zu der Aufzeichnung.

Begründung:

§ 271 StPO wird vollständig neu gefasst, da die bisherige Form der Sitzungsniederschrift entfällt und die technische Dokumentation an ihre Stelle tritt. Absatz 1 regelt die wesentlichen Fragen des Protokolls unabhängig von ihrer technischen Realisierung, die sich im Lauf der Zeit mit der technischen Entwicklung ändern kann. Absatz 2 regelt den Zugang der Verfahrensbeteiligten zu dem Videoprotokoll während der Hauptverhandlung.

In Satz 1 des Absatzes 1 wird angeordnet, dass die Hauptverhandlung in Bild und Ton aufzuzeichnen ist. Diese Aufzeichnung erhält zur Vereinfachung des Sprachgebrauchs die gesetzliche Bezeichnung „Videoprotokoll". Die Aufzeichnung ist obligatorisch und umfasst die gesamte Hauptverhandlung, nicht nur Teile von ihr wie die Beweisaufnahme. Da Zweck des Videoprotokolls auch die Überprüfung der Ordnungsgemäßheit des Verfahrensganges ist, ist der gesamte Verhandlungsraum mit sämtlichen anwesenden Personen zu erfassen, einschließlich Gericht und Zuschauern.

Die Bestimmung ist bewusst technikneutral formuliert, da sich die Aufzeichnungstechnik rasch ändern kann und mehrere äquivalente Realisierungsmöglichkeiten bestehen mögen. Es gibt eine Vielzahl technischer Fragen, die derzeit ohne ausgiebige Erprobung nicht zu beantworten sind, z.B. wie viele Kameras pro Sitzungssaal vorzusehen sind, wie viele Tonspuren die Aufzeichnung hat, in welchem Dateiformat sie vorliegt, ob sie lokal oder zentral gespeichert und schließlich archiviert wird, ob die Aufzeichnungstechnik redundant vorgehalten wird, welche Software eingesetzt wird, wer die Gerätschaften bedient und wer sie wartet und wie für bundesweite Kompatibilität gesorgt wird. Auf Dauer könnte es sich als erforderlich erweisen, bestimmte Fragen untergesetzlich einheitlich zu regeln wie bei der elektronischen Akte gemäß §§ 32 ff. StPO, wofür entsprechende Verordnungsermächtigungen zu ergänzen wären, wenn dies nicht im Wege einheitlich erlassener Verwaltungsvorschriften geschehen soll.

Satz 2 bestimmt, dass die Aufzeichnung mit einem Index zu versehen ist, aus dem der Gang der Hauptverhandlung ersichtlich ist. Es wird davon ausgegangen, dass jede Bild-Ton-Aufzeichnung heute automatisch mit Datums- und Zeitstempel versehen wird und einzelne Stellen auf diese Weise präzise ansteuerbar sind. Der in Satz 2 geregelte Index fügt inhaltliche Stichwörter hinzu und dient der besseren Handhabbarkeit des Videoprotokolls.[75] Einzutragen sind die einzelnen Schritte des Verfahrensganges, damit sofort Zugriff auf eine bestimmte funktional beschriebene Stelle der Aufzeichnung genommen werden kann. Dazu zählen wenigstens: Aufruf der Sache, Verlesung der Anklageschrift, Mitteilungen zu einer etwaigen Verständigung, Befragung des Beschuldigten, Anträge der Verfahrensbeteiligten (mit Angabe des Begehrens, etwa Ablehnungsgesuch, Beweisantrag, Unterbrechungsantrag, Ausschluss der Öffentlichkeit) sowie deren Bescheidung, Anordnungen des Vorsitzenden/des Gerichts (z.B. zum Ausschluss von Verfahrensbeteiligten, zum Ausschluss der Öffentlichkeit), Gang der Beweisaufnahme (welches Beweismittel ist wann erhoben worden?), Hinweise nach § 265 StPO, Schlussvorträge, Gewährung des letzten Worts.

Inhaltlich entspricht der Index der bisherigen Sitzungsniederschrift,[76] insofern beide einen Überblick über den Verfahrensgang geben und so etwa dem Revisionsverteidiger nützen, der in der Vorinstanz nicht beteiligt war; formal ist der Index ein bloßes Hilfsmittel. Auch diese Regelung ist

---

75 S.a. *Lüske*, Videoprotokoll, S. 278.

76 Vgl. *Krauß*, in: Expertenkommission (2015), Anlagenband 1, S. 562.

technikoffen hinsichtlich der Fragen, wie der Index realisiert wird, ob er manuell oder ganz oder teilweise automatisiert durch Software angelegt und manuell ergänzt, auf Wunsch als Textdokument exportiert und ausgedruckt werden kann. Weitere Funktionen wie persönliche Kommentare seitens der Richter, wie sie in Spanien möglich sind,[77] werden dadurch nicht ausgeschlossen.

Satz 3 stellt die Selbstverständlichkeit klar, dass – wie bisher gemäß § 272 StPO, s.a. § 168a Abs. 1 Satz 1 1. Hs. StPO – die Rahmendaten des Verfahrens sowie die Namen der mitwirkenden und beteiligten Personen usw. festzuhalten sind.

Satz 4 regelt den formalen Akt, wie das Videoprotokoll zu den Akten gelangt. Dies ist Aufgabe des Vorsitzenden, der das Protokoll zuvor auf äußere Ordnungsgemäßheit sowie die Stichhaltigkeit etwaiger Einwendungen von Verfahrensbeteiligten prüft.[78] Befindet der Vorsitzende, dass das Protokoll nicht zu beanstanden ist, so ist es damit fertiggestellt.

Nach Abschluss der Hauptverhandlung unterliegt das Videoprotokoll den allgemeinen Regeln der Akteneinsicht nach §§ 32f, 474 ff. StPO und der Strafakteneinsichtsverordnung.

Satz 5 entspricht dem bisherigen § 273 Abs. 4 StPO[79] und stellt sicher, dass der Angeklagte und sein Verteidiger die Möglichkeit haben, die durch die Urteilszustellung in Gang gesetzten Fristen, insbesondere die Frist für die Revisionsbegründung, unter Heranziehung des Videoprotokolls voll zu nutzen.

Absatz 2 enthält eine eigenständige Zugangsregelung für den Zeitraum der laufenden Hauptverhandlung, in der das Protokoll noch nicht fertiggestellt und damit noch nicht Aktenbestandteil geworden ist, so dass die Regeln über die Akteneinsicht nicht eingreifen. Auch wenn das Videoprotokoll noch nicht fertiggestellt und noch nicht indexiert ist, ist dem Angeklagten, der Verteidigung und der Anklagebehörde grundsätzlich – ausgenommen eigene Anmerkungen des Gerichts – im selben Umfang Zugang zu gewähren wie dem Gericht, also sobald es technisch nach dem Ende einer Sitzung möglich ist. Dies gebietet der Grundsatz der Fairness in der Ausprägung der Waffengleichheit, da es keinen sachlichen Grund gibt, den Verfahrensbeteiligten die Vorzüge der präzisen und zuverlässigen Aufzeichnung für ihre Verfahrensbelange vorzuenthalten. Die Vorschrift

---

77 Im spanischen System sind z.B. verschiedene – nur für das Gericht sichtbare und öffentliche – Kommentare zur Aufzeichnung live mit Zeitstempel möglich.

78 Vgl. BT-Drs. 18/11277, S. 26 zu § 136 Abs. 4.

79 Vgl. LR[27]/*Stuckenberg*, § 273 Rn. 63; SK-StPO[5]/*Frister*, § 273 Rn. 49.

ist technikneutral und lässt offen, wie der Zugang gewährt wird; dies sollte in einer Weise geschehen, die eine effiziente Nach- bzw. Vorbereitung der Verhandlungstermine erlaubt, etwa durch Überlassung von Kopien.

Die Befugnis des Privatklägers wird in § 385 Abs. 3 Satz 5 StPO-AE, die des Nebenklägers in § 397 Abs. 1 Satz 3 StPO-AE geregelt; die Befugnisse des Einziehungsbeteiligten entsprechen denen des Angeklagten, § 427 Abs. 1 Satz 1 StPO.

§ 272 Inhalt des Hauptverhandlungsprotokolls

[Die Vorschrift wird aufgehoben.]

§ 273 Beurkundung der Hauptverhandlung

[Die Vorschrift wird aufgehoben.]

§ 274 Beweiskraft des Protokolls

[Die Vorschrift wird aufgehoben.]

Begründung:

Mit der Abschaffung der bisherigen Sitzungsniederschrift werden die Vorschriften der §§ 272 bis 274 StPO obsolet und sind aufzuheben. Funktionale Äquivalente zu § 272 StPO finden sich in § 271 Abs. 1 Satz 3 StPO-AE und zu § 273 Abs. 4 StPO in § 271 Abs. 1 Satz 5 StPO-AE. Die Unterscheidung nach protokollierungspflichtigen „wesentlichen“ und sonstigen Förmlichkeiten in § 273 Abs. 1 entfällt, da das gesamte Geschehen der Hauptverhandlung lückenlos aufgezeichnet wird. Da das Videoprotokoll auch vor den Amtsgerichten aufgenommen wird, entfällt der Sachgrund der Absätze 2 und 3 des § 273 StPO.

Die Beweisregel des § 274 StPO beruhte auf der Annahme, dass sich Verfahrensvorgänge nachträglich nicht mehr mit Sicherheit rekonstruieren ließen, sowie der überzogenen Furcht vor missbräuchlicher Verfahrensverschleppung durch unberechtigte Revisionen[80] und war insofern von Beginn an[81] rechtsstaatlich zweifelhaft. Mit dem Videoprotokoll steht ein Beweismittel von überragender Qualität zur Verfügung, das keiner Verstärkung durch eine Beweisregel bedarf. Sollten Verfahrensvorgänge aufgrund

80 Dazu *Stuckenberg*, FS Rüßmann, S. 639, 645 ff.

81 Siehe nur *Schwarze*, GS 15 (1863), 1, 13 f.; *Stenglein*, GS 45 (1891), 81, 91 ff., 110; *Beling*, Deutsches Reichsstrafprozeßrecht, S. 325 Fn. 1.

technischer Defekte im Videoprotokoll nicht oder nicht ausreichend erkennbar sein, gilt Freibeweis.

§ 337 Revisionsgründe

[In § 337 wird ein neuer Absatz 3 eingefügt:]

(1) [unverändert]

(2) [unverändert]

(3) Eine Verletzung des Gesetzes liegt auch vor, wenn im Urteil

1. ein Beweismittel verwertet wird, das in der Hauptverhandlung nicht erhoben wurde oder das nicht verwertet werden durfte, oder

2. der Inhalt der in der Hauptverhandlung erhobenen Beweise überhaupt nicht oder offensichtlich unrichtig wiedergegeben wird.

Begründung:

Mit der Einführung einer vollständigen, präzisen und fehlerfreien Dokumentation der Hauptverhandlung steht der umfassenden Nachprüfung des Urteils durch die Rechtsmittelgerichte der bisher durchschlagende faktische Einwand, eine verlässliche Rekonstruktion der Geschehnisse in der Hauptverhandlung der Tatgerichte sei meistens gar nicht möglich, nicht mehr entgegen. Dies hatte schon in den 1980-er Jahren bei der Einführung des exklusiven Videoprotokolls im US-Bundesstaat Kentucky Bedenken ausgelöst, dass die auch dort etablierte Aufgabenteilung zwischen Tat- und Rechtsmittelgericht, wonach traditionell die Beweiswürdigung des Tatgerichts nicht oder nur äußerst zurückhaltend überprüft wird, kollabieren könne,[82] was aber nicht eingetreten ist. An die Stelle der früheren faktischen Barriere müssen nun normative Begrenzungen treten, wenn die Prüfungsaufgabe der deutschen Revisionsinstanz weiterhin eingeschränkt bleiben soll.

Die Kontrolle im Rechtsmittelverfahren unterscheidet sich in Deutschland deutlich danach, an welchem Gericht die erstinstanzliche Hauptverhandlung stattgefunden hat. Diese Asymmetrie ist zwar von Beginn an der Kritik ausgesetzt gewesen, hat aber bislang allen Reformversuchen widerstanden. Dies ist wesentlich auch darauf zurückzuführen, dass trotz des un-

---

82 Vgl. *Maher*, Do Video Transcripts Affect the Scope of Appellate Review? An Evaluation in the Kentucky Court of Appeals, S. 17 ff.; *Grittner*, 19 Wm. Mitchell L. Rev. 593, 608 ff. (1993); *Lederer*, 1 J. App. Prac. & Process 251, 259 ff. (2000); *Magnuson & Thumma*, 15 J. App. Prac. & Process 111, 120 ff. (2014); s.a. *Adkins*, 15 J. Tech. L. & Pol'y 65, 71 ff. (2010); *Donovan*, 96 Va. L. Rev. 643, 668 ff. (2010); dazu *Lüske*, Videoprotokoll, S. 82 f., 101 f. m. w. Nachw.

veränderten Gesetzeswortlauts die heute praktizierte Kontrolle durch die Revisionsgerichte nicht mehr die ist, die der Gesetzgeber der RStPO von 1877 intendierte.[83] Während das Gesetz lediglich eine mittelbare Prüfung der Feststellungen durch Kontrolle der Prozessordnungsgemäßheit der Beweiserhebung ermöglichte, prüfen die Revisionsgerichte, wie erstmals *Fezer* in seinen Studien aufzeigte,[84] im Wege der von ihm so genannten „erweiterten Revision" längst auch die Beweiswürdigung auf Verstöße gegen Denkgesetze und Erfahrungsregeln sowie Vollständigkeit. Sie beschränken sich dabei allerdings auf die Darstellung in den Urteilsgründen (daher „Darstellungsrüge").

Diese Überprüfung erfolgt auf die Rüge der Verletzung materiellen Rechts (Sachrüge) hin, also praktisch immer; prozessdogmatisch ist dies fragwürdig, denn ob ein Sachverhalt „richtig", d.h. prozessordnungsgemäß, festgestellt wurde, richtet sich allein nach den Regeln des Verfahrensrechts;[85] die Lösung über die Sachrüge ist aber für den Rechtsmittelführer wegen der minimalen formalen Anforderungen vorteilhaft. Im Ergebnis nehmen die Revisionsgerichte damit heute unvermeidbar eine eigene Beweiswürdigung vor,[86] wenn auch nur nachvollziehend unter dem Aspekt der „intersubjektiven Akzeptabilität"[87] der tatrichterlichen Beweiswürdigung. Von einer Tatsacheninstanz unterscheiden sie sich nur noch durch die fehlende Unmittelbarkeit und die fehlende Befugnis zur eigenen Beweiserhebung im Strengbeweisverfahren.

Die Beweismittel, die als Grundlagen der Beweiswürdigung dienen, können von den Revisionsgerichten zwar stets dahingehend geprüft werden, ob sie prozessordnungsgemäß erhoben und zum Gegenstand der Hauptverhandlung gemacht worden sind. Ob das Tatgericht die Beweismittel richtig wahrgenommen und wiedergegeben hat, können die Revisionsgerichte dagegen nur ausnahmsweise überprüfen. Die Rechtsprechung hält diese Spielart der sog. Inbegriffsrüge (treffender: „Differenzrüge") – das im Urteil verwendete Beweismittel sei *so* nicht Gegenstand der Hauptverhandlung gewesen, die gerichtliche Überzeugung mithin nicht aus dem „Inbegriff" der Verhandlung i.S.d. § 261 StPO geschöpft – nur dann für

83 *Rieß*, 52. DJT, L 8, 10; *Peters*, FS Schäfer, S. 137; *Hamm/Pauly*, Die Revision in Strafsachen[8], Rn. 4 ff.; *Schletz*, Die erweiterte Revision, S. 190 ff. m. w. Nachw.

84 *Fezer*, Die erweiterte Revision – Legitimierung der Rechtswirklichkeit?; *ders.*, Möglichkeiten einer Reform der Revision in Strafsachen.

85 KMR/*Stuckenberg*, § 261 Rn. 168; eingehend *Schletz*, Die erweiterte Revision, S. 288 ff.

86 *Schletz*, Die erweiterte Revision, S. 308 f. m. w. Nachw.

87 *Herdegen*, FS Eisenberg, S. 527, 541; *ders.*, StraFo 2008, 137, 138.

zulässig, wenn der Widerspruch ohne Rekonstruktion der Hauptverhandlung feststellbar ist, also nur dann, wenn er sich aus sog. „paraten" Beweismitteln wie Sitzungsniederschrift oder Urkunden ergebe, nicht hingegen aus Tonaufzeichnungen, Lichtbildern oder Videosequenzen; insbesondere könne, vom Ausnahmefall des § 273 Abs. 3 StPO abgesehen, nicht gerügt werden, ein Zeuge habe anders ausgesagt als im Urteil angegeben.[88]

Durch diese Entwicklung ist die Rechtsschutzlücke einer fehlenden zweiten Tatsacheninstanz bei schweren Tatvorwürfen zwar nicht geschlossen, aber deutlich verkleinert worden, zugleich haben sich aber neue Probleme eingestellt. Das gegenwärtige Revisionsrecht wird durch eine reichhaltige richterrechtliche Kasuistik geformt, die zu einem erheblichen Verlust an Berechenbarkeit der Erfolgsaussichten einer Revision geführt hat.[89] Methodisch misslich ist der Ansatz, die Beweiswürdigung anhand ihrer Darstellung in den Urteilsgründen zu prüfen, weil ein Darstellungsfehler nicht notwendigerweise einem Beweiswürdigungsfehler entsprechen muss.[90] Axiologisch ungereimt ist die dichte Nachprüfung der Beweiswürdigung im Kontrast zur nur rudimentären Kontrolle ihrer Grundlagen. Es verwundert daher nicht, dass auch in jüngster Zeit noch weitreichende Reformvorschläge gemacht wurden, die u.a. die Rügensystematik neu ordnen und etwa die Grundlage der Kontrolle der Beweiswürdigung von der Darstellung in den Urteilsgründen auf eine audiovisuelle Dokumentation der Hauptverhandlung umstellen[91] oder gar eine umfassende „Tatsachenrüge" mit eigener Beweiserhebung[92] einführen wollen, jeweils verbunden mit Veränderung des Instanzenzuges oder Vermehrung der Revisionssenate.

Nach Ansicht des Arbeitskreises dient die Überprüfung strafgerichtlicher Entscheidungen im Wege der Revision auch dazu, die Qualität der Strafrechtspflege zu sichern.[93] Der in Art. 19 Abs. 4 GG verankerten Rechtsschutzgarantie ist vor diesem Hintergrund ein Auftrag an den Gesetzgeber zu entnehmen, an der Optimierung dieses Qualitätssicherungs-

---

88 Dazu *Bartel*, Das Verbot der Rekonstruktion der Hauptverhandlung, S. 19 ff.; *Lüske*, Videoprotokoll, S. 208 ff.; *Schletz*, Die erweiterte Revision, S. 406 ff.; *Wehowsky*, NStZ 2018, 177, 179 ff.; *Wohlers*, JZ 2021, 116, 118 f.; alle m. w. Nachw.

89 Siehe nur LR[26]/*Franke*, Vor § 333 Rn. 11; *Herdegen*, StV 1992, 527; umfangr. Nachw. bei *Schletz*, Die erweiterte Revision, S. 454 ff.

90 Dazu *Schletz*, Die erweiterte Revision, S. 540 ff. m. w. Nachw.

91 *Schletz*, Die erweiterte Revision, S. 596 ff.

92 *Andoor*, Tatfragen in der strafgerichtlichen Revision, S. 416 ff.

93 Siehe zu dieser Erweiterung der herkömmlichen Zweckbestimmung des Revisionsrechts *Lindemann*, in: Barton (Hrsg.), Strafverteidigung 2020, S. 89, 115 ff., im Anschluss an *Rosenau*, FS Widmaier, S. 521, 538; *ders.*, FS Fischer, S. 791 ff.

mechanismus' zu arbeiten und die Voraussetzungen für eine möglichst wirksame gerichtliche Überprüfung von Strafurteilen zu schaffen.[94] Mit diesen Anforderungen scheint der gegenwärtige Zustand des Revisionsrechts kaum vereinbar. Gleichwohl sieht der Arbeitskreis die Einführung des Videoprotokolls weder als geeigneten Ansatzpunkt für einen fundamentalen Umbau des Rechtsmittelrechts, noch als Auslöser einer zwangsläufigen Destabilisierung der Rechtsmittelarchitektur. Eine sinnvolle normative Beschränkung der Revisionskontrolle auf Rechtsfragen ist möglich; zugleich ergeben sich deutliche Verbesserungen, weil mithilfe des Videoprotokolls der Nachweis bestimmter Verfahrensfehler möglich wird, für die bislang keine Nachweismöglichkeiten bestanden und die deshalb schon gar nicht gerügt werden durften.

Wie oben (C.III.2.) bereits gezeigt, ergeben sich durch die Einführung des Videoprotokolls keine Auswirkungen auf die Sachrüge, auch soweit sie im Wege der erweiterten Revision als Darstellungsrüge fungiert. Für die Rüge von Verfahrensfehlern, die den äußeren Gang der Hauptverhandlung betreffen, wie unterlassene Belehrungen oder Hinweise, fehlerhafte Gewährung des letzten Worts u.dgl. ändert sich durch Einführung des Videoprotokolls nur die Art und Qualität des Nachweises – ob solche Verfahrensfehler vorgefallen sind oder nicht, lässt sich nun stets und ohne großen Aufwand zuverlässig feststellen.

Eine deutliche Verbesserung der Nachweismöglichkeiten und zugleich eine Ausweitung der Klasse von Fehlern, die zulässigerweise mit der Revision gerügt werden können, ergibt sich für Rügen der Verletzung des § 261 StPO, weil mit der Einführung des Videoprotokolls das Dogma des „Verbots der Rekonstruktion der Hauptverhandlung" seine Grundlage verloren hat. Die Hauptverhandlung kann nun zuverlässig rekonstruiert werden, und zum Zwecke der Prüfung auf Verfahrensfehler muss dies auch geschehen. Das Verbot kann damit auf seinen berechtigten Kern zurückgeführt werden: Verboten ist den Revisionsgerichten die Vornahme einer eigenen Beweiswürdigung. Demgegenüber wird die umfassende Überprüfung der Grundlagen der Beweiswürdigung ermöglicht und damit

94 Ein solches an den Gesetzgeber gerichtetes „Optimierungsgebot" entnimmt Art. 19 Abs. 4 GG v.a. *Huber*, in: von Mangoldt/Klein/Starck (Hrsg.), Grundgesetz, Art. 19 Rn. 472 unter Bezugnahme auf BVerfGE 96, 44, 50; 103, 142, 156; BVerfGK 4, 1, 6 f., 10; 10, 108, 111. Zurückhaltender *Papier*, in: Isensee/Kirchhof (Hrsg.), Handbuch des Staatsrechts, Band VIII, § 177 Rn. 12 („Rechtsschutz als knappes Gut").

eine nicht zu rechtfertigende Rechtsschutzlücke geschlossen.[95] Insoweit hält der Arbeitskreis eine ausschnittweise gesetzliche Regelung in einem neuen Absatz 3 des § 337 StPO für nötig, teils zur Klarstellung, teils um das in der Rechtsprechung etablierte Verbot der Rekonstruktion der Hauptverhandlung explizit für obsolet zu erklären. Die Einführung einer bisweilen vorgeschlagenen gesonderten „Feststellungsrüge"[96] ist daneben überflüssig, weil die Erscheinungsformen der Inbegriffsrüge bereits sämtliche Wahrnehmungsfehler erfassen, auf denen die Feststellungen beruhen können.

Die Regelung in § 337 Abs. 3 StPO-AE ist deklaratorisch hinsichtlich des Vorliegens einer Verletzung des § 261 StPO, aber konstitutiv hinsichtlich der Zulässigkeit der Rüge nach Nr. 2 sowie deren Prüfungsmaßstab. § 337 Abs. 3 Nr. 1 StPO-AE erfasst aus systematischen Gründen die schon bisher ohne weiteres zulässige Inbegriffsrüge, mit der geltend gemacht wird, dass ein im Urteil ausweislich seiner Gründe verwertetes Beweismittel in der Hauptverhandlung nicht erhoben wurde oder aufgrund eines Verwertungsverbots in der Hauptverhandlung nicht verwertet werden durfte, so dass das Beweismittel entweder tatsächlich oder rechtlich nicht Teil des „Inbegriffs der Verhandlung" i.S.d. § 261 StPO geworden ist.

Dem werden in § 337 Abs. 3 Nr. 2 StPO-AE die beiden Fälle gleichgestellt, in denen der Inhalt der in der Hauptverhandlung erhobenen Beweise im Urteil überhaupt nicht oder offensichtlich unrichtig wiedergegeben wurde. Die erste Alternative betrifft den Fall der umgekehrten oder inversen Inbegriffsrüge, auch (Nicht-)Ausschöpfungsrüge, verlängerte Aufklärungsrüge,[97] Auslassungsrüge oder negative Feststellungsrüge[98] genannt, in dem ein erhobenes Beweismittel nicht im Rahmen der Beweiswürdigung herangezogen wurde, mithin der Inbegriff der Verhandlung nicht ausgeschöpft wurde. Da ein Tatgericht nicht verpflichtet ist, alle erhobenen Beweise in der Urteilsbegründung anzugeben, sondern die nach seiner Ansicht unerheblichen unerwähnt lassen darf und soll, kann es sich hier nur um Fälle handeln, in denen eine sorgfältige und vollständige Beweis-

---

95 Die bisweilen vorgeschlagene Beschränkung auf „Mängel des Verfahrens" – BRAK-Entwurf NStZ 2011, 310 – oder Ausklammerung der Rügen nach §§ 261, 244 StPO – Bericht der Expertenkommission (2015), S. 133 – ist daher nicht nur nicht erforderlich, um den Charakter der Revision als kassatorischer Rechtskontrolle zu bewahren, sondern auch normativ verfehlt.

96 *Mosbacher*, StV 2018, 182, 185.

97 LR[27]/*Sander*, § 261 Rn. 261–264; s.a. KMR/*Stuckenberg*, § 261 Rn. 177 ff.; Meyer-Goßner/*Schmitt*[65], § 261 Rn. 42 f., 46 ff.; § 337 Rn. 14.

98 *Mosbacher*, StV 2018, 182, 185.

würdigung vernünftigerweise auf das fragliche Beweismittel eingegangen wäre. Im Gegensatz zu früher kann nun etwa die Nichtberücksichtigung einer vom Angeklagten verlesenen Einlassung gerügt werden.[99]

Die zweite Alternative des § 337 Abs. 3 Nr. 2 StPO-AE betrifft die Konstellation, in der ein erhobenes Beweismittel im Urteil fehlerhaft wiedergegeben wird, was zur Folge hat, dass der wiedergegebene Beweismittelinhalt nicht aus dem Inbegriff der Verhandlung geschöpft wurde. Diese Variante der Inbegriffsrüge, auch Differenzrüge[100] oder positive Feststellungsrüge[101] genannt, wird nun mit Einführung des Videoprotokolls grundsätzlich uneingeschränkt zulässig. Künftig kann also gerügt werden, dass ein Zeuge etwas anderes gesagt habe als in den Urteilsgründen steht[102] oder dass ein Schriftstück falsch übersetzt worden sei.[103] Unbegründet ist die Sorge, dass damit in die Beweiswürdigung des Tatgerichts eingegriffen, genauer, die eigene Beweiswürdigung des Revisionsgerichts an die Stelle derjenigen des Tatgerichts gesetzt werden könnte. Die Wahrnehmung eines Beweismittels ist selbst, wie oben ausgeführt (C.III.3.), noch kein Akt der Beweiswürdigung. Richtig ist, dass beim Verständnis von Texten neben der akustischen oder optischen Wahrnehmung der Sprachzeichen noch das deutende Verstehen des Sinns hinzutritt, das nicht vollständig objektivierbar ist. Aber auch das Verstehen von Sprache ist noch kein Akt der Beweiswürdigung,[104] auch wenn hier wegen der Eigenart der fehlenden Exaktheit sprachlicher Kommunikation nur eine Plausibilitätsprüfung stattfinden kann.

Bei der Differenzrüge wird ein Evidenzmaßstab eingeführt, wonach die Wiedergabe des Beweismittelinhalts in den Urteilsgründen im Vergleich zum Videoprotokoll „offensichtlich unrichtig" erscheinen muss.[105] Dies ist

---

99 Anders noch BGH Beschl. v. 30.8.2018 – 5 StR 183/18, da nicht wörtlich protokolliert.

100 LR[27]/*Sander*, § 261 Rn. 257–260; s.a. KMR/*Stuckenberg*, § 261 Rn. 175 f.; Meyer-Goßner/*Schmitt*[65], § 261 Rn. 44 ff.; § 337 Rn. 14.

101 *Mosbacher*, StV 2018, 182, 185.

102 Dagegen bisher BGHSt 29, 18.

103 Abl. bisher BGH NStZ-RR 2019, 57 = JR 2019, 577 m. Anm. *Kulhanek*.

104 A.A. *Lüske*, Videoprotokoll, S. 204 f.

105 Vgl. den ähnlichen Maßstab eines „erheblichen Widerspruchs" zwischen Protokoll und Feststellungen in § 281 Abs. 1 Ziff. 5 öStPO (oben Fn. 44) und den „clear error"-Maßstab in den US-amerikanischen Rechten, *United States v. U.S. Gypsum Co.*, 333 U.S. 364, 394 (1948); *LaFave, Israel, King & Kerr*, Criminal Procedure, § 27.5(e); *Gerberding*, Das Rechtsmittelsystem im US-amerikanischen Strafverfahren, S. 108 ff.; *Lüske*, Videoprotokoll, S. 70; *Perron*, Das Beweisantragsrecht des Beschuldigten im deutschen Strafprozeß, S. 408; *Thaman*, Landes-

beim Personalbeweis bei längeren Einlassungen in der Sache wegen der zuvor angesprochenen inhärenten Unschärfe sprachlicher Kommunikation unumgänglich und bei anderen Beweismitteln ebenfalls angebracht, weil dort genauso ein Interpretationsspielraum eröffnet sein kann. Diese Beschränkung ergibt sich zudem aus der Abgrenzung der Verantwortungsbereiche von Tat- und Rechtsmittelgericht, weil letzteres seine eigene Wahrnehmung nicht an die Stelle der Vorinstanz setzen, sondern nur prüfen soll, ob die Vorinstanz diese Wahrnehmung in objektiv nachvollziehbarer Weise haben konnte.

Der Arbeitskreis hat sich darauf beschränkt, die Fragen zu klären, bei denen sich aufgrund der veränderten Art und Weise der Dokumentation der Hauptverhandlung Abweichungen zum geltenden Recht ergeben. Nicht geregelt wird deshalb die Konstellation, dass die Beweisgrundlage unvollständig ist, weil versäumt wurde, relevanten Beweisstoff durch Nutzung auf der Hand liegender Beweismittel in die Hauptverhandlung einzuführen. Dies kann in zwei Varianten vorkommen: zum einen, dass ein verwendetes Beweismittel nicht ausgeschöpft wurde (etwa einem Zeugen bestimmte Fragen nicht gestellt, ein Vorhalt nicht gemacht wurde, Widersprüche zwischen mündlichem und schriftlichem Sachverständigengutachten nicht geklärt wurden), obwohl dies sachlich geboten erschien, oder zum anderen sich aufdrängende Beweiserhebungen ganz unterlassen, bestimmte Beweismittel gar nicht in die Hauptverhandlung eingeführt wurden. Beides kann weiterhin mit der Aufklärungsrüge als Verletzung des § 244 Abs. 2 StPO beanstandet werden.[106] Nach bisheriger Rechtsprechung kann die Nichtausschöpfung verwendeter Beweismittel nur mit „paraten" Beweismitteln gerügt werden, ansonsten stehe das Verbot der Rekonstruktion der Hauptverhandlung entgegen.[107] Mit dem in § 337 Abs. 3 Nr. 2 StPO-AE zum Ausdruck gebrachten Wegfall des Verbots der Rekonstruktion der Hauptverhandlung entfällt diese Beschränkung auch hier. Künftig lässt sich anhand des Videoprotokolls feststellen, ob die fragliche Aufklärung in der Hauptverhandlung stattgefunden hat, Zeugen befragt oder

---

bericht USA, in: Perron (Hrsg.), Die Beweisaufnahme im Strafverfahrensrecht des Auslands – Rechtsvergleichendes Gutachten im Auftrag des Bundesministeriums für Justiz, S. 489, 541.

106 Für einen Ausschluss der Aufklärungsrüge hingegen *Mosbacher*, StV 2018, 182, 184; *Bartel*, Das Verbot der Rekonstruktion der Hauptverhandlung, S. 347.

107 BGHSt 4, 125, 126; 17, 351, 352; 48, 268, 273; BGH NStZ 2009, 468, 469; NStZ-RR 2009, 180; s.a. *Bartel*, Das Verbot der Rekonstruktion der Hauptverhandlung, S. 36 ff. m. w. Nachw.; krit. KK-StPO[8]/*Krehl*, § 244 Rn. 222; MüKo-StPO/*Trüg/Habetha*, § 244 Rn. 391 ff., 394.

Vorhalte gemacht worden sind. Mutmaßungen, ob das Schweigen der Urteilsgründe bedeutet, dass eine Frage nicht gestellt, ein Vorhalt nicht gemacht worden sei (wie in der sog. Schusskanalentscheidung[108]), erübrigen sich damit. Alle Formen der Aufklärungsrüge erfordern einen gewissen Nachvollzug der Beweiswürdigung des Tatgerichts, um beurteilen zu können, ob eine Beweiserhebung geboten war; der Einsatz des Videoprotokolls ändert daran nichts.

§ 344 Revisionsbegründung

[In § 344 Absatz 2 wird ein neuer Satz 3 eingefügt:]

(1) [unverändert]

(2) [1] Aus der Begründung muß hervorgehen, ob das Urteil wegen Verletzung einer Rechtsnorm über das Verfahren oder wegen Verletzung einer anderen Rechtsnorm angefochten wird. [2] Ersterenfalls müssen die den Mangel enthaltenden Tatsachen angegeben werden. [3] **Wird auf Vorgänge in der Hauptverhandlung Bezug genommen, sind die Abschnitte des Videoprotokolls, die diese Vorgänge dokumentieren, zu bezeichnen; einer schriftlichen Übertragung der Aufzeichnung bedarf es nicht.**

Begründung:

§ 344 Abs. 2 Satz 3 StPO-AE greift mit Blick auf die Anforderungen an die Verfahrensrüge das modernisierende Potential des Videoprotokolls auf, und zwar in zwei Richtungen: Erstens muss der Beschwerdeführer bei allen Verfahrensrügen, die Vorgänge in der Hauptverhandlung betreffen und daher im Videoprotokoll enthalten sein müssen, das Videoprotokoll auswerten sowie darauf Bezug nehmen und dessen zugehörige Abschnitte eindeutig bezeichnen durch Angabe des Zeitstempels[109] oder Indexein-

108 BGH NJW 1991, 3290.

109 Vgl. die entsprechende Regelung der Begründungsanforderung für *appeal* in den Kentucky Rules of Civil Procedure, Rule CR 76.12(4)(c)(iv): „A "STATEMENT OF THE CASE" consisting of a chronological summary of the facts and procedural events necessary to an understanding of the issues presented by the appeal, with ample references to the specific pages of the record, or tape and digital counter number in the case of untranscribed videotape or audiotape recordings, or date and time in the case of all other untranscribed electronic recordings, supporting each of the statements narrated in the summary.", i.V.m. Rule CR 98(4)(a): „*Video Recording Reference.* Each reference in a brief to a segment of the video recordings shall set forth in parentheses the letters "VR", the number of the video recording, and the month, day, year, hour, minute, and

trags (zum Index s. § 271 Abs. 1 Satz 2 StPO-AE). Zweitens genügt er durch die Bezugnahme auf die einschlägigen Abschnitte der Pflicht, die den Mangel enthaltenden Tatsachen anzugeben; in den die Revisionsbegründung enthaltenden Schriftsatz müssen diese Tatsachen nicht übernommen, insbesondere müssen die in Bezug genommenen Teile der Hauptverhandlung nicht wörtlich transkribiert werden. Insoweit reduziert der neue Satz 3 die überspannten und kritikwürdigen hohen Anforderungen, die nach der aktuellen Rechtsprechung[110] für die Zulässigkeit der revisionsrechtlichen Verfahrensrüge aufgestellt werden und die insbesondere keine bloßen Bezugnahmen etwa auf Hauptverhandlungsprotokolle, Schriftstücke, Gutachten, Vernehmungsniederschriften und Urkunden erlauben.

Wichtige Rückschlüsse auf den notwendigen Umfang des Revisionsvortrags ergeben sich auch aus § 347 Abs. 1 Satz 4 StPO-AE. Danach ist es die Aufgabe der Gegenerklärung (die gemäß § 347 Abs. 2 StPO-AE zusätzlich noch durch eine Erklärung des Tatgerichts ergänzt sein kann), insbesondere etwaige rügevernichtende Tatsachen zu benennen, die sich aus dem Videoprotokoll ergeben. Demnach muss – anders als es bisher die Rechtsprechung zu streng verlangt[111] – der Revisionsführer nicht mehr zu potenziellen Negativtatsachen Stellung nehmen, die einer schlüssig vorgebrachten Verfahrensrüge im Wege stehen könnten. Er muss also nicht mehr – unter Überdehnung des Wortlauts des § 344 Abs. 2 Satz 2 StPO,[112] der nur die Angabe der „den Mangel enthaltenden Tatsachen" verlangt, und zudem prozessdogmatisch fragwürdig[113] – den Vortrag des Beschwerdegegners übernehmen.

---

second at which the reference begins as recorded on the video recording. For example: (VR No. 1: 10/27/06; 14:24:05)." Die Vorschriften gelten auch für den Strafprozess gem. Kentucky Rules of Criminal Procedure, Rule RCr 13.04.

110 Nachw. bei Meyer-Goßner/*Schmitt*[65], § 344 Rn. 21; SK-StPO[5]/*Frisch*, § 344 Rn. 48 ff.

111 Vgl. BVerfGE 112, 185, 208 ff. (verfassungsrechtlich unbedenklich unter Art. 19 Abs. 4 GG); st. Rspr., BGHSt 37, 245, 248 f.; 40, 218, 240; BGH NStZ 2000, 49, 50; NStZ-RR 2007, 53, 54; StV 1996, 530, 531; dazu SK-StPO[5]/*Frisch*, § 344 Rn. 57 ff. m. w. Nachw.; ausf. *Ritter*, Die Begründungsanforderungen bei der Erhebung der Verfahrensrüge gemäß § 344 Abs. 2 Satz 2 StPO, S. 137 ff.; *Kukuk*, Das Erfordernis des Vortrags von „Negativtatsachen" nach § 344 Abs. 2 Satz 2 StPO, S. 136.

112 Vgl. BGHSt 57, 254, 256.

113 Entgegen BVerfGE 112, 185, 212; zur Kritik s. SK-StPO[5]/*Frisch*, § 344 Rn. 63 f.; *Roxin/Schünemann*, Strafverfahrensrecht[29], § 55 Rn. 47; *Schletz*, Die erweiterte Revision, S. 340 ff., alle m. w. Nachw.

§ 347 Zustellung; Gegenerklärung; Erklärung des Gerichts; Vorlage der Akten an das Revisionsgericht

[In § 347 Absatz 1 wird ein neuer Satz 4 eingefügt. Der bisherige Satz 4 wird Satz 5.]

(1) Ist die Revision rechtzeitig eingelegt und sind die Revisionsanträge rechtzeitig und in der vorgeschriebenen Form angebracht, so ist die Revisionsschrift dem Gegner des Beschwerdeführers zuzustellen. [2] Diesem steht frei, binnen einer Woche eine schriftliche Gegenerklärung einzureichen. [3] Wird das Urteil wegen eines Verfahrensmangels angefochten, so gibt der Staatsanwalt in dieser Frist eine Gegenerklärung ab, wenn anzunehmen ist, dass dadurch die Prüfung der Revisionsbeschwerde erleichtert wird. [4] **Nimmt die Gegenerklärung auf Vorgänge der Hauptverhandlung Bezug, die vom Beschwerdeführer nicht vorgetragen worden sind, gilt § 344 Abs. 2 Satz 3 entsprechend.** [5] Der Angeklagte kann die Gegenerklärung auch zu Protokoll der Geschäftsstelle abgeben.

[Ein neuer Absatz 2 wird eingefügt:]

(2) [1] **Bezieht sich ein Revisionsantrag auf Vorgänge in der Hauptverhandlung, so kann das Gericht, dessen Urteil angefochten wird, sich dazu binnen zwei Wochen erklären.** [2] **Absatz 1 Satz 4 gilt entsprechend.**

[Der bisherige Absatz 2 wird Absatz 3 und neu gefasst.]

(3) Nach Eingang der Gegenerklärung **sowie nach Eingang der Erklärung nach Absatz 2** oder nach Ablauf der **Fristen** übersendet die Staatsanwaltschaft die Akten an das Revisionsgericht.

Begründung:

Bezieht sich eine Rüge auf Vorgänge in der Hauptverhandlung und erscheint sie nach Sichtung der vom Rechtsmittelführer angegebenen Abschnitte des Videoprotokolls als begründet, so besteht dennoch die Gefahr, dass der Revisionsvortrag, aus welchen Gründen auch immer, insofern unvollständig ist, als der gerügte vermeintliche Fehler an anderer Stelle in der Hauptverhandlung getilgt oder geheilt worden ist (ein Zeuge hat seine frühere Aussage korrigiert, ein Vorhalt wurde nachgeholt usw.). Die öfters geäußerte Befürchtung, dass das Revisionsgericht, um solche irrtümlich unvollständigen oder missbräuchlichen Rügen erkennen zu können, die gesamte Aufzeichnung anschauen müsste,[114] lässt sich in Deutschland

---

114 *Meyer-Goßner*, FS Fezer, S. 135, 145; *Mosbacher*, StV 2018, 182, 184; *Krauß*, Bericht der Expertenkommission (2015), Anlagenband I, S. 547, 571; *Hofmann*,

jedenfalls nicht dadurch lösen, dass man nichtrichterliche Mitarbeiter[115] mit der Sichtung betraut. Geeignete Maßnahmen, um das Revisionsgericht von der Suche nach solchen Negativtatsachen zu entlasten und zugleich die Richtigkeit der Entscheidungsgrundlage der Rechtsmittelentscheidung zu gewährleisten, sieht der Arbeitskreis in der Gegenerklärung der Staatsanwaltschaft und der Stellungnahme des Tatgerichts.

Das Revisionsverfahren ist als Parteiverfahren ausgestaltet (vgl. § 335 Abs. 3 Satz 2, § 347 Abs. 1 Satz 1 und 2 StPO) und unterliegt wie alle Rechtsbehelfe der StPO der Dispositionsmaxime (vgl. §§ 296 ff., 302 f.; 352 StPO).[116] Schon deshalb ist es die ureigene Aufgabe des Beschwerdegegners, diejenigen Tatsachen vorzutragen, die dem Begehren des Rechtsmittelführers entgegenstehen. Durch das Gesetz zur effektiveren und praxistauglicheren Ausgestaltung des Strafverfahrens vom 17.8.2017 (BGBl. I, 3202, 3210)[117] ist eine Gegenerklärung der Staatsanwaltschaft verpflichtend vorgeschrieben worden gemäß § 347 Abs. 1 Satz 3 StPO (RiStBV Nr. 162 Abs. 2), sofern dies die Prüfung der Revisionsbeschwerde wegen eines Verfahrensmangels erleichtert. Nach Ansicht des Arbeitskreises ist dies stets zu bejahen bei allen auf das Videoprotokoll gestützten Verfahrensrügen, die sich auf Vorgänge der Hauptverhandlung beziehen, insbesondere bei den Verfahrensrügen nach § 261 und § 244 Abs. 2 StPO, soweit sie nicht offenkundig unzulässig oder unbegründet sind. Einer neuen Regelung, die eine Pflicht zur Gegenerklärung anordnet, bedarf es insoweit nicht.

Die bisweilen geäußerten Bedenken, ob bei der derzeitigen Arbeitsweise der Staatsanwaltschaften die Gegenerklärung ein effektives Instrument zur Garantie einer vollständigen Entscheidungsgrundlage sei,[118] stehen daher, weil der Gesetzgeber sich bereits anders entschieden hat, nicht entgegen; im Übrigen hält der Arbeitskreis solche Bedenken durch geeignete organisatorische Maßnahmen für überwindbar. § 347 Abs. 1 Satz 4 StPO-AE ordnet deshalb – parallel zu § 344 Abs. 2 Satz 3 StPO-AE – lediglich an, dass auch in der Gegenerklärung die relevanten Abschnitte des Videoprotokolls genau durch Angabe des Zeitstempels oder der Indexmarkierung

---

NStZ 2002, *569*, 571; *ders.*, StraFo 2004, 303, 304; so schon *Röhl*, JZ 1956, 591 f. für die Tonaufzeichnung.

115 Etwa *appellate law clerks* wie in Minnesota, *Grittner*, 19 Wm. Mitchell L. Rev. 593, 610 (1993).

116 *Roxin/Schünemann*, Strafverfahrensrecht[29], § 55 Rn. 47; *Schletz*, Die erweiterte Revision, S. 340 ff., 424 ff., 443, m. w. Nachw.

117 Dazu BT-Drs. 18/11277, S. 38.

118 Oben Fn. 49.

zu bezeichnen sind, sofern darauf Bezug genommen wird. Diese Pflicht trifft auch den Angeklagten in den selteneren Fällen einer allein von der Staatsanwaltschaft eingelegten Revision.

Um größtmögliche Gewähr für die Richtigkeit der Entscheidungsgrundlagen des Revisionsgerichts zu erzielen, hält der Arbeitskreis zusätzlich zum Vortrag der Beschwerdeparteien eine Stellungnahme des Tatgerichts für nützlich, in dessen Erinnerung rügehindernde Tatsachen ebenfalls oftmals noch präsent sein dürften. Möglich ist eine dienstliche Stellungnahme des Tatgerichts im Revisionsverfahren im Wege des Freibeweises bereits jetzt.[119] Im neuen Absatz 2 des § 347 wird klargestellt, dass sie bei allen Rügen, die sich auf Vorgänge der Hauptverhandlung beziehen, zulässig ist.[120] Im Interesse der Verfahrensbeschleunigung wird eine Frist von zwei Wochen vorgesehen; diese Frist ist genau wie die Frist für die Gegenerklärung nach § 347 Absatz 1 Satz 3 jedoch keine Ausschlussfrist.[121] Macht das Tatgericht von dieser Möglichkeit keinen Gebrauch, hat dies zur Folge, dass sich das Revisionsgericht bei seiner Prüfung allein auf den Vortrag des Revisionsführers und – soweit vorhanden – auf die im Rahmen der Gegenerklärung der Staatsanwaltschaft benannten Abschnitte des Videoprotokolls stützt (§ 352 Absatz 1 Satz 2 StPO-AE).

Bedenken, dass gerichtliche Erklärungen über den Inhalt der Hauptverhandlung unzulässig sein könnten, weil sie wegen der „engen Verflochtenheit von Wahrnehmung und Würdigung“ dem Schutzbereich des Beratungsgeheimnisses (§§ 43, 45 Abs. 1 Satz 2 DRiG) unterfielen,[122] teilt der Arbeitskreis nicht, weil er von der grundsätzlichen Trennbarkeit von Wahrnehmung und Würdigung eines Beweismittels ausgeht (oben C.III.3). Die Stellungnahme wird als dienstliche Äußerung vom Vorsitzenden nach Rücksprache mit den richterlichen Mitgliedern des Spruchkörpers abgegeben. Bezüge auf das Videoprotokoll müssen wie stets genaue Angaben enthalten; insoweit verweist der neue Satz 2 des Absatzes 2 auf § 347 Abs. 1 Satz 4 StPO-AE.

Die Neufassung des bisherigen Absatzes 2 als Absatz 3 ist eine redaktionelle Folgeänderung.

---

119 Siehe nur *Bartel*, Das Verbot der Rekonstruktion der Hauptverhandlung, S. 240 m. w. Nachw.

120 Ebenso *Ignor/Schlothauer*, Bericht der Expertenkommission (2015), Anlagenband 1, S. 476, 478; *Mosbacher*, StV 2018, 182, 185.

121 AllgM, siehe statt aller LR[26]/*Franke*, § 347 Rn. 5; Meyer-Goßner/*Schmitt*[65], § 347 Rn. 2c; SK-StPO[5]/*Frisch*, § 347 Rn. 6.

122 *Bartel*, Das Verbot der Rekonstruktion der Hauptverhandlung, S. 242 ff., 246.

§ 352 Umfang der Urteilsprüfung

[In § 352 Absatz 1 wird ein neuer Satz 2 eingefügt:]

(1) Der Prüfung des Revisionsgerichts unterliegen nur die gestellten Revisionsanträge und, soweit die Revision auf Mängel des Verfahrens gestützt wird, nur die Tatsachen, die bei Anbringung der Revisionsanträge bezeichnet worden sind. ² **Wird der Revisionsantrag mit Vorgängen in der Hauptverhandlung begründet, so legt das Revisionsgericht seiner Prüfung nur die Abschnitte des Videoprotokolls zugrunde, die in den Revisionsanträgen, in der Gegenerklärung und in der Erklärung des Gerichts nach § 347 Absatz 2 angegeben sind.**

Begründung:

Aus der bisherigen Fassung des § 352 Abs. 1 StPO geht hervor, dass für die Überprüfung von Verfahrensfehlern, die nicht zugleich Prozessvoraussetzungen betreffen, der Beibringungsgrundsatz für die Stoffsammlung gilt: Das Revisionsgericht überprüft nur die in den Revisionsanträgen bezeichneten Tatsachen. Der neue Satz 2 erstreckt diese Beschränkung auf die Beweisgrundlage dahingehend, dass bei Verfahrensrügen, die sich auf Vorgänge in der Hauptverhandlung beziehen – das sind insbesondere, aber nicht nur die Rügen nach § 337 Abs. 3 StPO-AE –, das Videoprotokoll nur in dem Umfang herangezogen werden darf, der im Vorbringen der Beteiligten und einer etwaigen Stellungnahme des Tatgerichts bezeichnet wurde.[123] Das Revisionsgericht soll sich also nicht selbst auf die Suche nach Stellen im Videoprotokoll machen, die das Revisionsvorbringen entkräften oder bestätigen könnten. Dadurch soll einer Überlastung der Revisionsgerichte entgegengewirkt werden. Der Arbeitskreis erwartet allerdings nicht, dass die Zahl der Inbegriffsrügen und Aufklärungsrügen dramatisch ansteigen wird, weil dahingehende Differenzen schon in der Hauptverhandlung ausgeräumt werden können[124] bzw. wegen der Zugriffsmöglichkeit des Tatgerichts auf das Videoprotokoll auch im Rahmen der Urteilsberatung und -abfassung selten vorkommen dürften, wie die Erfahrung der internationalen Strafgerichte[125] zeigt.

Durch eine Bindung des Revisionsgerichts an die von den Beteiligten bezeichneten Abschnitte des Videoprotokolls könnte die Gefahr entstehen,

---

123 Unberührt bleibt die Möglichkeit, im Wege des Freibeweises weitere Beweismittel heranzuziehen, sofern dies – vermutlich selten – ergänzend erforderlich ist.

124 Oben bei Fn. 46.

125 Oben Fn. 47.

dass bei objektiv fehlerhafter, namentlich unvollständiger Angabe der entscheidungserheblichen Stellen des Videoprotokolls das Revisionsgericht auf unrichtiger Tatsachengrundlage und dadurch auch – diese Folge ist nicht zwingend, aber möglich – in der Sache falsch entscheidet. Diese Gefahr ist aus Sicht des Arbeitskreises jedoch sehr gering, wenn nicht gar bloß theoretisch: Wäre etwa die Rüge des Angeklagten, dass ein Belastungszeuge etwas wesentlich anderes ausgesagt habe als in den Urteilsgründen angegeben, durch die angegebene Stelle im Videoprotokoll belegt, fehlte aber der Hinweis auf die spätere Stelle, an der der Zeuge seine Erinnerung in glaubhafter Weise korrigiert, so ist anzunehmen, dass dieser Mangel von der Staatsanwaltschaft in ihrer Gegenerklärung und dem Tatgericht in seiner Erklärung behoben würde. Nur wenn sowohl Staatsanwaltschaft als auch Tatgericht die Fehlerhaftigkeit des Vortrags nicht bemerken, wäre auch die Entscheidungsgrundlage des Revisionsgerichts fehlerhaft. Würde das angegriffene Urteil deswegen aufgehoben, bestünde der Schaden regelmäßig in einer Zurückverweisung und neuen Verhandlung, ginge somit nicht zu Lasten des Verurteilten.

2. Änderungen des Strafgesetzbuchs

§ 353d Verbotene Mitteilungen über Gerichtsverhandlungen

[In § 335d wird eine neue Nummer 4 eingefügt:]

Mit Freiheitsstrafe bis zu einem Jahr oder mit Geldstrafe wird bestraft, wer

[1. bis 3. wie bisher]

oder

4. ein Videoprotokoll einer Hauptverhandlung in Strafsachen ganz oder teilweise an unbefugte Personen weitergibt oder öffentlich mitteilt.

Begründung:

Das Videoprotokoll der öffentlichen Hauptverhandlung enthält an sich nicht mehr als das, was ein Zuschauer bei der Hauptverhandlung wahrnehmen kann. Dennoch besteht wegen der Fixierung der Vorgänge und Erklärungen in der Hauptverhandlung ein Interesse daran, dass das Videoprotokoll nicht unkontrolliert, insbesondere im Internet, verbreitet wird, da dies die Persönlichkeitsrechte der Verfahrensbeteiligten, vor allem von Zeugen, beeinträchtigen würde. Dies gilt insbesondere im Hinblick darauf, dass Ausschnitte aus dem Protokoll nachträglich manipuliert werden können. Es gelten hier also ähnliche Erwägungen wie diejenigen, die dem Verbot der Ton- und Filmaufzeichnung von Hauptverhandlungen nach § 169 Abs. 1 Satz 2 GVG zugrunde liegen.

Von den geltenden Strafgesetzen wird die unbefugte Weitergabe oder Veröffentlichung der Bild-Ton-Aufzeichnung einer Hauptverhandlung nicht erfasst;[126] deshalb wird mit § 353d Nr. 4 eine neue Vorschrift in das StGB eingefügt. Tathandlungen sind zum einen die Weitergabe des Protokolls an Personen, die nicht als Verfahrensbeteiligte einen Anspruch auf das Protokoll haben, was den Angeklagten selbst sowie Hilfspersonal des Verteidigers einschließt, zum anderen die „öffentliche Mitteilung" (vgl. § 353d Nr. 3 StGB), die die Verbreitung über das Internet erfasst.

II. Folgeänderungen

1. Änderungen der Strafprozeßordnung

§ 59 Vereidigung

[Absatz 1 Satz 2 wird wie folgt neu gefasst:]

² Der Grund dafür, dass der Zeuge vereidigt wird, braucht nicht **für das Protokoll festgestellt** zu werden, es sei denn, der Zeuge wird außerhalb der Hauptverhandlung vernommen.

Begründung:

Es handelt sich um eine technische Folgeänderung. An die Stelle der früheren Protokollierung eines Umstands tritt dessen ausdrückliche Feststellung, damit diese im Videoprotokoll dokumentiert wird. § 59 StPO enthält die umgekehrte Regelung, dass eine solche Feststellung, hier des Grundes der Nichtvereidigung von Zeugen bei Vernehmungen in der Hauptverhandlung, entbehrlich ist.

§ 86 Richterlicher Augenschein

[Die Vorschrift wird wie folgt neu gefasst:]

Findet die Einnahme eines richterlichen Augenscheins statt, so ist **der vorgefundene Sachbestand für das Protokoll** festzustellen und darüber Auskunft zu geben, welche Spuren oder Merkmale, deren Vorhandensein

126 Dazu *Momsen/Benedict*, KriPoZ 2021, 251 ff.

nach der besonderen Beschaffenheit des Falles vermutet werden konnte, gefehlt haben.

Begründung:
Es handelt sich um eine technische Folgeänderung. An die Stelle der früheren Protokollierung des Sachbestands tritt dessen ausdrückliche Feststellung, damit diese im Videoprotokoll dokumentiert wird.

§ 138d Verfahren bei Ausschließung des Verteidigers

[Absatz 4 Satz 4 wird wie folgt neu gefasst:]
4 Über die Verhandlung ist ein Protokoll aufzunehmen; § **271 gilt** entsprechend.

Begründung:
Es handelt sich um eine redaktionelle Folgeänderung, der vormalige Verweis auf die „§§ 271 bis 273" wird durch „§ 271" ersetzt.

§ 140 Notwendige Verteidigung

[Absatz 1 wird um eine Nummer 12 ergänzt:]
(1) Ein Fall der notwendigen Verteidigung liegt vor, wenn
[...]
12. zur Begründung einer Rüge gemäß § 337 Absatz 3 auf ein Videoprotokoll (§ 344 Absatz 2 Satz 3) Bezug genommen wird.

Begründung:
Soweit es sich um einen Fall notwendiger Verteidigung handelt, wirkt die in der Tatsacheninstanz erfolgte Beiordnung fort (§ 143 Abs. 1 StPO). War der Angeklagte in der Tatsacheninstanz allerdings unverteidigt oder hat der Wahlverteidiger das Mandat niedergelegt, ist dem Angeklagten zur Begründung der Revision in den Fällen der Bezugnahme auf das Videoprotokoll ein Pflichtverteidiger beizuordnen. Es reicht unter verfassungsrechtlichen Aspekten der Effektivität des Rechtsmittels der Revision nicht aus, den Angeklagten auf die Generalklausel des § 140 Abs. 2 StPO zu verweisen. Denn in der Rechtsprechung ist schon für das bisherige Recht nicht geklärt, ob die Möglichkeit eines Angeklagten, sich durch Begründung der Revision zu Protokoll der Geschäftsstelle gemäß § 345 Abs. 2 Var. 2 StPO hinreichend selbst verteidigen zu können, für die Ablehnung der Schwierigkeit der Rechtslage bzw. der Unfähigkeit zur Selbstverteidigung i.S.d. § 140 Abs. 2 StPO ausreicht. Zwar ist ein Angeklagter aufgrund der vom Gesetz eröffneten Möglichkeit, die Revisions-

begründung zu Protokoll der Geschäftsstelle zu erklären, nicht generell auf einen Verteidiger angewiesen.[127] Auch der bislang schon hohe Formalisierungsgrad der Verfahrensrüge (§ 344 Abs. 2 Satz 2 StPO) ändert daran nichts.[128] Indes war eine Rückausnahme von diesem Grundsatz nach dem bisherigen Rechtszustand dann anerkannt, wenn der Angeklagte schon mit der Darlegung seiner Beanstandungen gegenüber dem Urkundsbeamten überfordert ist.[129] Für die Fälle des § 337 Abs. 3 StPO-AE mit der Notwendigkeit der Bezugnahme auf das Videoprotokoll wird es regelmäßig so liegen, weil sowohl die technische Handhabung des Videoprotokolls als auch die daraus erwachsenden Anforderungen an die Förmlichkeiten der Ausführung entsprechender Beanstandungen nach § 344 Abs. 2 Satz 3 StPO-AE den Anklagten überfordern.

Eine danach gemäß § 140 Abs. 1 Nr. 12 StPO-AE notwendige Beiordnung hat nicht erst durch das Revisionsgericht, sondern, sofern ein Antrag des Angeklagten bei dem nach § 142 Abs. 1 Satz 3 i.V.m. Abs. 3 Nr. 3 StPO zuständigen Vorsitzenden des Tatgerichts vorliegt, durch diesen so unverzüglich zu erfolgen, dass eine effektive Anbringung der videoprotokollbasierten Rüge während der ggf. bereits laufenden Revisionsbegründungsfrist erfolgen kann. Antragsunabhängig ist dem Beschuldigten der Pflichtverteidiger sofort zu bestellen, wenn es um die videoprotokollabhängige Begründung der ggf. bereits vom Angeklagten selbst eingelegten Revision geht, § 141 Abs. 2 Nr. 4 Hs. 2 StPO.[130]

§ 247 Entfernung des Angeklagten bei Vernehmung von Mitangeklagten und Zeugen

[Satz 4 wird neu gefasst und ein neuer Satz 5 angefügt:]

[1] Das Gericht kann anordnen, daß sich der Angeklagte während einer Vernehmung aus dem Sitzungszimmer entfernt, wenn zu befürchten ist, ein Mitangeklagter oder ein Zeuge werde bei seiner Vernehmung in Gegenwart des Angeklagten die Wahrheit nicht sagen. [2] Das gleiche gilt,

---

127 St. Rspr., vgl. OLG Hamm NStZ 1982, 345 m. krit. Anm. *Dahs*; OLG Koblenz wistra 1983, 122; OLG Schleswig SchlHA 1995, 6; OLG Köln MDR 1990, 269.

128 H.M., vgl. Meyer-Goßner/*Schmitt*[65], § 140 Rn. 29; LR[27]/*Jahn*, § 140 Rn. 98. A.A. mit beachtlichen Argumenten *Ziegler*, FS 25 Jahre AG Strafrecht DAV, S. 930, 933; SK-StPO[5]/*Wohlers*, § 140 Rn. 45 m.w.Nachw.

129 KG StV 2016, 790; OLG Karlsruhe StraFo 2006, 497; OLG Schleswig StV 1990, 12; OLG Düsseldorf StV 1986, 143; OLG Hamburg NJW 1966, 2324; HK-StPO/*Julius/Schiemann*, § 140 Rn. 19; LR[27]/*Jahn*, § 140 Rn. 98 a.E. m.w.Nachw.

130 LR[27]/*Jahn*, § 141 Rn. 40.

wenn bei der Vernehmung einer Person unter 18 Jahren als Zeuge in Gegenwart des Angeklagten ein erheblicher Nachteil für das Wohl des Zeugen zu befürchten ist oder wenn bei einer Vernehmung einer anderen Person als Zeuge in Gegenwart des Angeklagten die dringende Gefahr eines schwerwiegenden Nachteils für ihre Gesundheit besteht. [3] Die Entfernung des Angeklagten kann für die Dauer von Erörterungen über den Zustand des Angeklagten und die Behandlungsaussichten angeordnet werden, wenn ein erheblicher Nachteil für seine Gesundheit zu befürchten ist. [4] **In den Fällen des Satzes 1 und 2 erhält der Angeklagte entweder Gelegenheit, die Aussage durch zeitgleiche Videoübertragung mitzuverfolgen, oder, sobald er wieder anwesend ist, die Bild-Ton-Aufzeichnung dessen anzusehen, was während seiner Abwesenheit ausgesagt oder sonst verhandelt worden ist.** [5] **In den Fällen des Satzes 3 hat der Vorsitzende den Angeklagten, sobald dieser wieder anwesend ist, von dem wesentlichen Inhalt dessen zu unterrichten, was während seiner Abwesenheit ausgesagt oder sonst verhandelt worden ist.**

Begründung:

Für die Fälle des Satzes 1 und 2 kodifiziert die Neufassung des Satzes 4 zum einen eine gängige Praxis, nach der der Angeklagte in einem Raum außerhalb des Gerichtssaals die Zeugenvernehmung per Videoübertragung mitverfolgen kann. Zum anderen wird die bisherige Unterrichtung des Angeklagten durch den Vorsitzenden durch die authentischere Vorführung des die Vernehmung betreffenden Abschnitts des Videoprotokolls ersetzt, falls eine zeitgleiche Übertragung unmöglich oder untunlich war. Sofern beide Möglichkeiten zur Verfügung stehen, entscheidet darüber der Vorsitzende unter Berücksichtigung der Belange der Verteidigung. Bei umfänglichen Übertragungen hält der Arbeitskreis einen einvernehmlichen Verzicht auf die Vorführung, zur Gänze oder in Teilen, für zulässig, vgl. § 251 Abs. 2 Nr. 3 StPO.

Der neue Satz 5 erfasst die Fälle des Satzes 3, in denen aufgrund einer Videoübertragung und Betrachtung der Aufzeichnung Nachteile für die Gesundheit des Angeklagten zu befürchten sind, etwa in Jugendsachen. Deshalb bleibt es hier bei der schonenderen Form der zusammenfassenden Unterrichtung durch den Vorsitzenden.

§ 247a Anordnung einer audiovisuellen Vernehmung von Zeugen

[Absatz 1 Satz 3 wird wie folgt gefasst, Satz 4 wird aufgehoben, Satz 5 wird Satz 4:]

(1) [1] Besteht die dringende Gefahr eines schwerwiegenden Nachteils für das Wohl des Zeugen, wenn er in Gegenwart der in der Hauptverhandlung Anwesenden vernommen wird, so kann das Gericht anordnen, daß der Zeuge sich während der Vernehmung an einem anderen Ort aufhält; eine solche Anordnung ist auch unter den Voraussetzungen des § 251 Abs. 2 zulässig, soweit dies zur Erforschung der Wahrheit erforderlich ist. [2] Die Entscheidung ist unanfechtbar. [3] Die Aussage wird zeitgleich in Bild und Ton in das Sitzungszimmer übertragen **und aufgezeichnet.** [4] § 58a Abs. 2 findet entsprechende Anwendung.

Begründung:

Es handelt sich um eine technische Folgeänderung. An die Stelle der bisherigen Möglichkeit der Aufzeichnung tritt die obligatorische Aufzeichnung, damit diese räumlich außerhalb des Verhandlungsraums gemachte Aussage in gleicher Weise wie die im Gerichtssaal gemachten Aussagen dokumentiert wird.

§ 249 Führung des Urkundenbeweises durch Verlesung; Selbstleseverfahren

[Absatz 2 Satz 3 wird wie folgt neu gefasst:]

(2) [1] Von der Verlesung kann, außer in den Fällen der §§ 253 und 254, abgesehen werden, wenn die Richter und Schöffen vom Wortlaut der Urkunde Kenntnis genommen haben und die übrigen Beteiligten hierzu Gelegenheit hatten. [2] Widerspricht der Staatsanwalt, der Angeklagte oder der Verteidiger unverzüglich der Anordnung des Vorsitzenden, nach Satz 1 zu verfahren, so entscheidet das Gericht. [3] Die Anordnung des Vorsitzenden, die Feststellungen über die Kenntnisnahme und die Gelegenheit hierzu und der Widerspruch sind **für das Protokoll festzustellen.**

Begründung:

Es handelt sich um eine technische Folgeänderung. An die Stelle der früheren Protokollierung der Feststellungen, Erklärungen und Umstände tritt deren ausdrückliche Feststellung, damit diese im Videoprotokoll dokumentiert wird.

§ 255 Protokollierung der Verlesung

[§ 255 wird wie folgt neu gefasst:]

In den Fällen der §§ 253 und 254 ist **der Grund der Verlesung** auf Antrag der Staatsanwaltschaft oder des Angeklagten **für das Protokoll festzustellen.**

Begründung:

Es handelt sich um eine technische Folgeänderung. An die Stelle der früheren Protokollierung des Grundes der Verlesung tritt dessen ausdrückliche Feststellung, damit diese im Videoprotokoll dokumentiert wird.

§ 266 Nachtragsanklage

[Absatz 2 Satz 3 wird aufgehoben. Satz 4 wird zu Satz 3:]

(2) [1] Die Nachtragsanklage kann mündlich erhoben werden. [2] Ihr Inhalt entspricht dem § 200 Abs. 1. [3] Der Vorsitzende gibt dem Angeklagten Gelegenheit, sich zu verteidigen.

Begründung:

Auch dies ist eine technische Folgeänderung. Da alle Vorgänge der Hauptverhandlung aufgezeichnet werden, bedarf es keiner ausdrücklichen Anordnung der Protokollierung mehr.

§ 275 Absetzungsfrist und Form des Urteils

[Absatz 1 Satz 1 wird wie folgt neu gefasst:]

[1] **Das Urteil ist unverzüglich zu den Akten zu bringen.**

Begründung:

Die frühere Möglichkeit, das Urteil vollständig in das Protokoll aufzunehmen, die ohnehin nur bei sehr einfachen Sachen in Betracht kam, entfällt aus technischen Gründen.

§ 323 Vorbereitung der Berufungshauptverhandlung

[Absatz 2 Satz 2 bis 6 werden ersetzt durch den neuen Satz 2:]

(2) [1] Die Ladung der im ersten Rechtszug vernommenen Zeugen und Sachverständigen kann nur dann unterbleiben, wenn ihre wiederholte Vernehmung zur Aufklärung der Sache nicht erforderlich erscheint. [2] Sofern es erforderlich erscheint, ordnet das Berufungsgericht **die Vorfüh-**

rung des Videoprotokolls einer Vernehmung nach Maßgabe des § 325 an.

Begründung:
Es handelt sich um eine technische Folgeänderung. An die Stelle der Verlesung von Protokollstellen oder der Vorführung einer Tonaufzeichnung tritt die Vorführung der jeweiligen Abschnitte des Videoprotokolls. Die Regelungen über die Übertragung von Tonaufzeichnungen nach § 273 Abs. 2 Satz 2 a.F. StPO sind gegenstandslos geworden.

§ 325 Verlesung von Urkunden

[§ 325 wird wie folgt neu gefasst:]

Bei der Berichterstattung und der Beweisaufnahme können Urkunden verlesen werden; **das Videoprotokoll** über Aussagen der in der Hauptverhandlung des ersten Rechtszuges vernommenen Zeugen und Sachverständigen **darf**, abgesehen von den Fällen der §§ 251 und 253, ohne die Zustimmung der Staatsanwaltschaft und des Angeklagten nicht **vorgeführt** werden, wenn die wiederholte Vorladung der Zeugen oder Sachverständigen erfolgt ist oder von dem Angeklagten rechtzeitig vor der Hauptverhandlung beantragt worden war.

Begründung:
Es handelt sich um eine technische Folgeänderung. An die Stelle der Verlesung von Protokollen über Zeugenvernehmungen in der Hauptverhandlung des ersten Rechtszuges tritt die Vorführung der jeweiligen Abschnitte des Videoprotokolls.

§ 385 Stellung des Privatklägers; Ladung; Akteneinsicht

[In Absatz 3 wird ein Satz 5 ergänzt:]

(3) [1] Für den Privatkläger kann ein Rechtsanwalt die Akten, die dem Gericht vorliegen oder von der Staatsanwaltschaft im Falle der Erhebung einer Anklage vorzulegen wären, einsehen sowie amtlich verwahrte Beweisstücke besichtigen, soweit der Untersuchungszweck in einem anderen Strafverfahren nicht gefährdet werden kann und überwiegende schutzwürdige Interessen des Beschuldigten oder Dritter nicht entgegenstehen. [2] Der Privatkläger, der nicht durch einen Rechtsanwalt vertreten wird, ist in entsprechender Anwendung des Satzes 1 befugt, die Akten einzusehen und amtlich verwahrte Beweisstücke unter Aufsicht zu besichtigen. [3] Werden die Akten nicht elektronisch geführt, können dem Privatkläger, der nicht

durch einen Rechtsanwalt vertreten wird, an Stelle der Einsichtnahme in die Akten Kopien aus den Akten übermittelt werden. [4] § 406e Absatz 5 gilt entsprechend. [5] **Das Recht auf Einsicht in die Bild-Ton-Aufzeichnung (§ 271 Absatz 2) steht nach Maßgabe der Sätze 1 und 2 auch dem Privatkläger zu.**

Begründung:
Der Privatkläger erhält wie Staatsanwaltschaft, Angeklagter und Verteidiger schon während der Hauptverhandlung Zugang zur der Bild-Ton-Aufzeichnung mit den in Satz 1 und 2 vorgesehenen Einschränkungen.

§ 397 Verfahrensrechte des Nebenklägers

[In Absatz 1 wird Satz 3 wie folgt gefasst:]

(1) [1] Der Nebenkläger ist, auch wenn er als Zeuge vernommen werden soll, zur Anwesenheit in der Hauptverhandlung berechtigt. [2] Er ist zur Hauptverhandlung zu laden; § 145a Absatz 2 Satz 1 und § 217 Absatz 1 und 3 gelten entsprechend. [3] Die Befugnis zur Ablehnung eines Richters (§§ 24, 31) oder Sachverständigen (§ 74), das Fragerecht (§ 240 Absatz 2), das Recht zur Beanstandung von Anordnungen des Vorsitzenden (§ 238 Absatz 2) und von Fragen (§ 242), das Beweisantragsrecht (§ 244 Absatz 3 bis 6), das Recht zur Abgabe von Erklärungen (§§ 257, 258) **sowie das Recht zur Einsicht in die Bild-Ton-Aufzeichnung (§ 271 Absatz 2)** stehen auch dem Nebenkläger zu. [4] Dieser ist, soweit gesetzlich nichts anderes bestimmt ist, im selben Umfang zuzuziehen und zu hören wie die Staatsanwaltschaft. [5] Entscheidungen, die der Staatsanwaltschaft bekannt gemacht werden, sind auch dem Nebenkläger bekannt zu geben; § 145a Absatz 1 und 3 gilt entsprechend.

Begründung:
Auch der Nebenkläger erhält wie Staatsanwaltschaft, Angeklagter und Verteidiger schon während der Hauptverhandlung Zugang zur Bild-Ton-Aufzeichnung.

§ 405 Vergleich

[Absatz 1 Satz 1 wird wie folgt neu gefasst:]

(1) [1] Auf Antrag der nach § 403 zur Geltendmachung eines Anspruchs Berechtigten und des Angeklagten **stellt** das Gericht einen Vergleich über die aus der Straftat erwachsenen Ansprüche **für das Protokoll fest**. [2] Es

soll auf übereinstimmenden Antrag der in Satz 1 Genannten einen Vergleichsvorschlag unterbreiten.

Begründung:
Es handelt sich um eine technische Folgeänderung. An die Stelle der früheren Protokollierung des Vergleichs tritt dessen ausdrückliche Feststellung, damit diese im Videoprotokoll dokumentiert wird.

§ 408a Strafbefehlsantrag nach Eröffnung des Hauptverfahrens

[Absatz 1 Satz 2 2. Halbs. entfällt.]

(1) [1] Ist das Hauptverfahren bereits eröffnet, so kann im Verfahren vor dem Strafrichter und dem Schöffengericht die Staatsanwaltschaft einen Strafbefehlsantrag stellen, wenn die Voraussetzungen des § 407 Abs. 1 Satz 1 und 2 vorliegen und wenn der Durchführung einer Hauptverhandlung das Ausbleiben oder die Abwesenheit des Angeklagten oder ein anderer wichtiger Grund entgegensteht. [2] In der Hauptverhandlung kann der Staatsanwalt den Antrag mündlich stellen. 3 § 407 Abs. 1 Satz 4, § 408 finden keine Anwendung.

Begründung:
Es handelt sich um eine technische Folgeänderung. Da alle Vorgänge der Hauptverhandlung aufgezeichnet werden, bedarf es keiner ausdrücklichen Anordnung der Protokollierung des Strafbefehlsantrags mehr.

§ 418 Durchführung der Hauptverhandlung

[Absatz 3 Satz 2 wird wie folgt neu gefasst:]

(3) [1] Der Einreichung einer Anklageschrift bedarf es nicht. [2] Wird eine solche nicht eingereicht, so wird die Anklage bei Beginn der Hauptverhandlung mündlich erhoben. [3] § 408a gilt entsprechend.

Begründung:
Es handelt sich um eine technische Folgeänderung. Da alle Vorgänge der Hauptverhandlung aufgezeichnet werden, bedarf es keiner ausdrücklichen Anordnung der Protokollierung der mündlichen Anklage mehr.

2. Änderungen des Gerichtsverfassungsgesetzes

§ 169

[An Absatz 2 wird ein neuer Satz 6 angefügt.]

(2) [1] Die Verhandlung vor dem erkennenden Gericht einschließlich der Verkündung der Urteile und Beschlüsse ist öffentlich. [2] Ton- und Fernseh-Rundfunkaufnahmen sowie Ton- und Filmaufnahmen zum Zwecke der öffentlichen Vorführung oder Veröffentlichung ihres Inhalts sind unzulässig. [3] Die Tonübertragung in einen Arbeitsraum für Personen, die für Presse, Hörfunk, Fernsehen oder für andere Medien berichten, kann von dem Gericht zugelassen werden. [4] Die Tonübertragung kann zur Wahrung schutzwürdiger Interessen der Beteiligten oder Dritter oder zur Wahrung eines ordnungsgemäßen Ablaufs des Verfahrens teilweise untersagt werden. [5] Im Übrigen gilt für den in den Arbeitsraum übertragenen Ton Satz 2 entsprechend. [6] **Dieser Absatz gilt nicht für Verhandlungen in Strafsachen.**

Begründung:

Die Regelung von § 169 Abs. 2 Satz 1 bis 3 GVG, die Tonaufzeichnungen für wissenschaftliche oder historische Zwecke ermöglicht, ist für Strafverfahren gegenstandslos geworden, weil künftig jede Hauptverhandlung in Strafsachen vollständig in Bild und Ton aufgezeichnet wird. Sie findet nur noch Anwendung auf Zivilsachen sowie auf die Gerichtsbarkeiten, die diese Vorschrift des GVG im Wege der Verweisung (§ 52 Satz 4 ArbGG, § 52 Abs. 1 FGO, § 61 Abs. 1 SGG, § 55 VwGO) für anwendbar erklären.

Auch die die Archivierung betreffenden Sätze 4 und 5 des Absatzes 2 des § 169 GVG werden für Strafverfahren obsolet. Die Feststellung des Archivwerts und die Anbietung an Landes- oder Bundesarchiv richtet sich insoweit nach allgemeinen Regeln, z.B. § 3 Abs. 2, § 5 BArchG, § 3 ArchivG NRW.

Nötig sind dann nur noch Verwendungsregeln, unter welchen Voraussetzungen zu wissenschaftlichen und historischen Zwecken Zugang zum Videoprotokoll gewährt werden kann. Besondere Vorschriften sind an dieser Stelle jedoch entbehrlich, weil entweder die Regeln über die Akteneinsicht oder die des Archivzugangs gelten: Solange das Protokoll Bestandteil der von der aktenführenden Stelle verwahrten Gerichtsakte ist, gelten die allgemeinen Regeln über die Akteneinsicht, die in § 476 StPO den Zugang zu Forschungszwecken eingehend auch in datenschutzrechtlicher Hinsicht normieren. Sofern danach eine Abgabe an ein Landes- oder Bundesarchiv erfolgt, sind die in den jeweiligen Archivgesetzen vorgesehenen Zugangsregeln und Schutzfristen[131] maßgebend, die ebenfalls u.a. den Schutz von Persönlichkeitsrechten und öffentlicher Belange in differenzierter Weise garantieren, vgl. z.B. §§ 10 ff. BArchG, §§ 6 f. ArchivG NRW.

131 Über spezielle Schutzfristen für Aufzeichnungen von Strafsachen wäre in einem umfassenden Zusammenhang der Medienöffentlichkeit erneut nachzudenken, vgl. *Jung*, in: *Bannenberg et al.*, Alternativ-Entwurf Strafjustiz und Medien (AE-StuM), S. 102, 114 f. (§ 169a Abs. 5 GVG-AE-StuM: 50 Jahre).

E. Zitiertes Schrifttum

Adkins, Mary, The Unblinking Eye Turns to Appellate Law: Cameras in Trial Courtrooms and Their Effect on Appellate Law, 15 Journal of Technology & Policy [J. Tech. L. & Pol'y] 65 (2010)

Andoor, George, Tatfragen in der strafgerichtlichen Revision, Berlin 2020

Bartel, Louisa, Das Verbot der Rekonstruktion der Hauptverhandlung, Tübingen 2014

— Auf dem Weg zur technischen Dokumentation der Hauptverhandlung in Strafsachen, StV 2018, 678

Beling, Ernst, Deutsches Reichsstrafprozeßrecht, Berlin Leipzig 1928

Birklbauer, Alois, Die Zulässigkeit von Ton- und Bildaufnahmen einer Hauptverhandlung im Spannungsfeld zwischen Erforderlichkeit und Fairness, Journal für Strafrecht [JSt] 2020, 293

Bockemühl, Jan, Entwurf eines Gesetzes zur Nutzung audio-visueller Aufzeichnungen in Strafprozessen (BT-Drs. 19/11090), KriPoZ 2019, 375

Bundesministerium der Justiz und für Verbraucherschutz (Hrsg.), Bericht der Expertenkommission zur effektiveren und praxistauglicheren Ausgestaltung des allgemeinen Strafverfahrens und des jugendgerichtlichen Verfahrens, 2015

— Bericht der Expertinnen- und Expertengruppe zur Dokumentation der strafgerichtlichen Hauptverhandlung, 2021

Bundesrechtsanwaltkammer, Strafrechtsausschuss, Entwurf eines Gesetzes zur Verbesserung der Wahrheitsfindung im Strafverfahren durch verstärkten Einsatz von Bild-Ton-Technik, BRAK-Stellungnahme-Nr. 1/2010

Chaitidou, Eleni, Die technische Aufzeichnung der Hauptverhandlung. Ein Erfahrungsbericht vom Internationalen Strafgerichtshof, in: Hoven, Elisa/Kudlich, Hans (Hrsg.), Digitalisierung und Strafverfahren, Baden-Baden 2020, S. 179

Cirener, Gabriele, Chancen, Risiken und Nebenwirkungen der Bild-Ton-Übertragung – ein drängendes Thema für die Justiz, in: Cirener, Gabriele/Jahn, Matthias/Radtke, Henning (Hrsg.), Bild-Ton-Dokumentation und „Konkurrenzlehre 2.0“, Köln 2019, S. 3

Deutscher Anwaltverein (DAV), Strafrechtsausschuß, Gesetzentwurf zur Tonaufzeichnung der Hauptverhandlung in Strafsachen, AnwBl 1993, 328

Dickert, Thomas/Hagspiel, Christoph, Der Rechtsrahmen für Zugangskontrollen in Gerichtsgebäuden, BayVBl. 2013, 102

von Döllen, Armin/Momsen, Carsten, Im falschen Film, freispruch 2014, 3

Donovan, Bernadette Mary, Deference in a Digital Age: The Video Record and Appellate Review, 96 Virginia Law Review [Va.L.Rev.] 643 (2010)

Drews, Okke, Die Revisibilität fehlerhafter Feststellungen zum Inhalt einer Zeugenaussage im Strafurteil – Unter besonderer Berücksichtigung des revisionsrechtlichen Rückgriffes auf vernehmungsdokumentierende Bild-Ton-Aufzeichnungen zum Nachweis eines Verstoßes gegen § 261 StPO, Hamburg 2015

El-Ghazi, Mohamad/Hoffmann, Alina, Verwertbarkeit nonverbalen Verhaltens des Angeklagten bei der Urteilsfindung, StV 2020, 864

Fezer, Gerhard, Die erweiterte Revision – Legitimierung der Rechtswirklichkeit?, Tübingen 1974

— Möglichkeiten einer Reform der Revision in Strafsachen, Tübingen 1975

— Grenzen der Beweisaufnahme durch das Revisionsgericht, in: Ebert, Udo (Hrsg.), Aktuelle Probleme der Strafrechtspflege, Berlin New York 1991, S. 89

— Pragmatismus und Formalismus in der revisionsgerichtlichen Rechtsprechung, Festschrift für Ernst-Walter Hanack, Berlin 1999, S. 331

— Zur fortschreitenden Relativierung der Verfahrensvorschriften durch den Bundesgerichtshof – § 274 StPO als Beispiel –, Festschrift für Harro Otto, Köln 2007, S. 901

Franzen, Ruben, Wie viel Dokumentation verlangt, und wie viel verträgt die strafrechtliche Hauptverhandlung?, GVRZ 2021, 7

Frisch, Wolfgang, Die erweiterte Revision, Festschrift für Albin Eser, München 2005, S. 257

— Wandel der Revision als Ausdruck geistigen und gesellschaftlichen Wandels, Festschrift für Gerhard Fezer, Berlin 2008, S. 353

Frister, Helmut, Der Lügendetektor – Zulässiger Sachbeweis oder unzulässige Vernehmungsmethode?, ZStW 106 (1994), 303

von Galen, Margarete, Rechtsstaatsdefizit im deutschen Strafprozess: „ohne Worte“ – die Protokollierung der Hauptverhandlung im europäischen Vergleich, StraFo 2019, 309

Geißler, Heike, Untersuchungen zur Revisibilität von Widersprüchen zwischen Strafurteil und Wortprotokoll, Marburg 2000

Gerberding, Patrick, Das Rechtsmittelsystem im US-amerikanischen Strafverfahren: eine rechtsvergleichende Betrachtung, Frankfurt a.M. 2005

Grittner, Frederick K., The Recording on Appeal: Minnesota's Experience with Videotaped Proceedings, 19 William Mitchell Law Review [Wm. Mitchell L. Rev.] 593 (1993)

Grünwald, Gerald, Empfiehlt es sich, besondere Vorschriften für strafprozessuale Großverfahren einzuführen?, Gutachten zum 50. DJT 1974, Verhandlungen des DJT, Band 1, S. C 1

Hamm, Rainer/Pauly, Jürgen, Die Revision in Strafsachen, 8. Aufl. Berlin/Boston 2021

Herdegen, Gerhard, Die Überprüfung der tatrichterlichen Feststellungen durch das Revisionsgericht auf Grund der Sachrüge, StV 1992, 527

— Statement: Verteidigung und Wahrheitspflicht – 24. Herbstkolloquium 2007 der Arbeitsgemeinschaft Strafrecht des DAV, StraFo 2008, 137

— Was ist unter „Beweiswürdigung“ im Sinne des § 261 StPO zu verstehen?, Festschrift für Ulrich Eisenberg, München 2009, S. 527

Hewitt, William E., Videotaped Trial Records, Evaluation and Guide, National Center for State Courts (NCSC publication no. R-117), Andover MA 1990

Heidelberger Kommentar zur Strafprozessordnung (HK-StPO), hrsg. von Gercke, Björn/Julius, Karl-Peter/Temming, Dieter/Zöller, Mark A., 6. Aufl. München 2019

Hofmann, Manfred, Videoaufzeichnungen und revisionsgerichtliche Kontrolle, NStZ 2002, 569

— Videoaufzeichnungen in der Hauptverhandlung und Rekonstruktionsverbot, StraFo 2004, 303

Ignor, Alexander, Verbesserung der Wahrheitsfindung im Strafprozess durch technische Dokumentation der Hauptverhandlung – ein Gebot unserer Zeit, Festschrift für Gerhard Werle, Tübingen 2022, S. 787

Johnson, Molly Treadway; Krafka, Carol & Stienstra, Donna, Video Recording Courtroom Proceedings in United States District Courts: Report on a Pilot Project, Federal Judicial Center, 2016

Jung, Heike, Fernsehberichterstattung aus der Hauptverhandlung, in: *Bannenberg et al.*, Alternativ-Entwurf Strafjustiz und Medien (AE-StuM), München 2004, S. 102

Kassin, Saul M.; Kukucka, Jeff; Lawson, Victoria Z. & DeCarlo, John, Does Video Recording Alter the Behavior of Police During Interrogation? A Mock Crime-and-Investigation Study?, 38 Law & Human Behavior 73 (2014)

— Police Reports of Mock Suspect Interrogations: A Test of Accuracy and Perception, 41 Law & Human Behavior 230 (2017)

Kassin, Saul M.; Russano, Leissa B.; Amron, Aria D.; Hellgren, Johanna; Kukucka, Jeff & Lawson, Victoria Z., Does Video Recording Inhibit Crime Suspects? Evidence From a Fully Randomized Field Experiment, 45 Law & Human Behavior 45 (2019)

Kissel, Otto Rudolf/Mayer, Herbert, Gerichtsverfassungsgesetz, Kommentar, 10. Aufl. München 2021

Karlsruher Kommentar zur Strafprozeßordnung (KK-StPO), 8. Aufl. München 2019

Klotz, Christopher, (Keine) Beeinträchtigung der Öffentlichkeit von Gerichtsverhandlungen durch Videoüberwachung?, NJW 2011, 1186

KMR Kommentar zur Strafprozessordnung, hrsg. von von Heintschel-Heinegg, Bernd/Bockemühl, Jan, 111. Erg.-Lfg. 2022

Köpf, Julia/Birklbauer, Alois, Technische Unterstützung bei der Protokollführung in der Hauptverhandlung: Anwendungsbereich und Grenzen, Journal für Strafrecht [JSt] 2022, 128

Korte, Matthias, Verhaltene Begeisterung beim BMJV – damals und heute?, in: Cirener, Gabriele/Jahn, Matthias/Radtke, Henning (Hrsg.), Bild-Ton-Dokumentation und „Konkurrenzlehre 2.0“, Köln 2019, S. 7

Krauß, Matthias, Grundlegende Änderung des Revisionsrechts, in: Cirener, Gabriele/Jahn, Matthias/Radtke, Henning (Hrsg.), Bild-Ton-Dokumentation und „Konkurrenzlehre 2.0", Köln 2019, S. 27

Kriminalpolitischer Kreis (KriK), Stellungnahme zur Einführung einer Bild-Ton-Aufzeichnung der Hauptverhandlung in Strafsachen, 2019

Kudlich, Hans, Audiovisuelle Aufzeichnung, Videobeweis und Zulässigkeit der „Rügeverkrümmung", in: Cirener, Gabriele/Jahn, Matthias/Radtke, Henning (Hrsg.), Bild-Ton-Dokumentation und „Konkurrenzlehre 2.0", Köln 2019, S. 13

— Audiovisuelle Dokumentation der tatrichterlichen Hauptverhandlung im Strafrecht und ihre Folgen für die Revision, in: Hoven, Elisa/Kudlich, Hans (Hrsg.), Digitalisierung und Strafverfahren, Baden-Baden 2020, S. 163

Kukuk, Jörn-Peter, Das Erfordernis des Vortrags von „Negativtatsachen" nach § 344 Abs. 2 Satz 2 StPO, Hamburg 2000

LaFave, Wayne; Israel, Jerold; King, Nancy & Kerr, Orin, Criminal Procedure, 6th ed. St. Paul MN 2016

Lederer, Fredric I., The Effect of Courtroom Technologies on and in Appellate Proceedings and Courtrooms, 1 Journal of Appellate Practice and Process [J. App. Prac. & Process] 251 (2000)

Leitner, Werner, Videotechnik im Strafverfahren, Baden-Baden 2012

Lindemann, Michael, Die Revision aus der Perspektive der Wissenschaft, in: Barton, Stephan (Hrsg.), Strafverteidigung 2020, Hamburg 2020, S. 89

Linzer Kommentar zur Strafprozessordnung, hrsg. von Birklbauer, Alois/Haumer, René/Nimmervoll, Rainer/Wess, Norbert, Wien 2020

Löwe/Rosenberg (LR), Die Strafprozeßordnung und das Gerichtsverfassungsgesetz, Großkommentar
— Band 7/2, §§ 312–373a, 26. Aufl. Berlin Boston 2013
— Band 4/1, §§ 112–136a, 27. Aufl. Berlin Boston 2019
— Band 4/2, §§ 137–150, 27. Aufl. Berlin Boston 2021
— Band 7, §§ 256–295, 27. Aufl. Berlin Boston 2021

Lüske, Lena, Das Videoprotokoll als Perspektive für den deutschen Strafprozess?, Baden-Baden 2021

Magnuson, Eric J. & Thumma, Samuel A., Prospects and Problems Associated with Technological Change in Appellate Courts: Envisioning the Appeal of the Future, 15 Journal of Appellate Practice and Process [J. App. Prac. & Process] 111 (2014)

Maher, James R., Do Video Transcripts Affect the Scope of Appellate Review? An Evaluation in the Kentucky Court of Appeals, National Center for State Courts, Andover MA 1990

Malek, Klaus, Abschied von der Wahrheitssuche, StV 2011, 559

von Mangoldt, Hermann/Klein, Friedrich/Starck, Christian (Hrsg.), Grundgesetz, Band 1, Präambel, Art. 1–19, 7. Aufl. München 2018

Mertens, Oliver, Die Protokollierung von Beweisergebnissen in der Hauptverhandlung, Festschrift für Gerald Grünwald, Baden-Baden 1999, S. 367

Meyer-Goßner, Lutz, Videoaufzeichnung der Hauptverhandlung – notwendige Reform oder Irrweg?, Festschrift für Gerhard Fezer, Berlin 2008, S. 135

Meyer-Goßner, Lutz/Schmitt, Bertram, Strafprozessordnung, Kommentar, 65. Aufl. München 2022

Momsen, Carsten/Benedict, Paula, Strafbarkeitsrisiken und -möglichkeiten bei der Weitergabe einer Bild-Ton-Aufzeichnung der Hauptverhandlung durch Verfahrensbeteiligte, KriPoZ 2021, 251

Mosbacher, Andreas, Aufzeichnung der Hauptverhandlung und Revision – ein Vorschlag, StV 2018, 182

— Dokumentation der Beweisaufnahme im Strafprozess, ZRP 2019, 158

— Dokumentation der strafrechtlichen Hauptverhandlung, ZRP 2021, 180

Münchener Kommentar zur Strafprozessordnung (MüKo-StPO), Band 2, §§ 151–332 StPO, München 2015

Nack, Armin/Park, Tido/Brauneisen, Achim, Gesetzesvorschlag der Bundesrechtsanwaltskammer zur Verbesserung der Wahrheitsfindung im Strafverfahren durch den verstärkten Einsatz von Bild- und Tontechnik, NStZ 2011, 310

Nestler, Cornelius, Der richterzentrierte Strafprozeß und die Richtigkeit des Urteils – Zur Notwendigkeit eines Wortprotokolls der Hauptverhandlung, Festschrift für Klaus Lüderssen, Baden-Baden 2002, S. 727

Norouzi, Ali B., Vom Rekonstruktionsverbot zum Dokumentationsgebot: Probleme der mangelnden Transparenz aus Sicht der Revisionsverteidigung, in: Wehe dem, der beschuldigt wird …, 34. Strafverteidigertag 2010, 2011, S. 215

Ott, Yvonne, Viele offene Fragen, in: Cirener, Gabriele/Jahn, Matthias/Radtke, Henning (Hrsg.), Bild-Ton-Dokumentation und „Konkurrenzlehre 2.0“, Köln 2019, S. 11

Papier, Hans-Jürgen, § 177 – Rechtsschutzgarantie gegen die öffentliche Gewalt, in: Isensee, Josef/Kirchhof, Paul (Hrsg.), Handbuch des Staatsrechts, Band VIII, 3. Aufl. Heidelberg 2010

Paul, Carsten, Alles andere als ein unspektakuläres Thema, in: Cirener, Gabriele/Jahn, Matthias/Radtke, Henning (Hrsg.), Bild-Ton-Dokumentation und „Konkurrenzlehre 2.0“, Köln 2019, S. 23

Perron, Walter, Das Beweisantragsrecht des Beschuldigten im deutschen Strafprozeß – Eine Untersuchung der verfassungsrechtlichen und verfahrensstrukturellen Grundlagen, gesetzlichen Regelungen und rechtsstaatlichen Auswirkungen sowie eine Erörterung der Reformperspektiven unter rechtsvergleichender Berücksichtigung des adversatorischen Prozeßmodells, Berlin 1995

Peters, Karl, Der Wandel im Revisionsrecht, Festschrift für Karl Schäfer zum 80. Geburtstag, Berlin 1980, S. 137

Reichling, Hartwig, Die vollständige Protokollierung in der Hauptverhandlung in Strafsachen gemäß § 273 Abs. 3 StPO, Berlin 2003

Reichsjustizamt (Hrsg.), Protokolle der Kommission für die Reform des Strafprozesses, Band 1, Berlin 1905

Rieß, Peter, Empfiehlt es sich, das Rechtsmittelsystem in Strafsachen, insbesondere durch Einführung eines Einheitsrechtsmittels, grundlegend zu ändern?, Referat für den 52. DJT, Verhandlungen des 52. DJT Wiesbaden 1978, Band II, München 1978, S. L 8

— Der Hauptinhalt des Ersten Gesetzes zur Reform des Strafverfahrensrechts (1. StVRG), NJW 1975, 81

Ritter, Ralf, Die Begründungsanforderungen bei der Erhebung der Verfahrensrüge gemäß § 344 Abs. 2 Satz 2 StPO, Berlin 2007

Röhl, Hellmuth, Hauptverhandlungsprotokoll auf Tonband?, JZ 1956, 591

Rosenau, Henning, Die Revision – Qualitätskontrolle und Qualitätssicherung im Strafverfahren, Festschrift für Gunter Widmaier, Köln 2008, S. 521

— Das Gebot einer effektiven Revision nach Art. 19 Abs. 4 GG, Art. 14 Abs. 5 IPBPR und Art. 13 EMRK, Festschrift für Thomas Fischer, München 2018, S. 791

Roxin, Claus/Schünemann, Bernd, Strafverfahrensrecht, 29. Aufl. München 2017

Sabel, Oliver, Technische Aufzeichnung der Hauptverhandlung: Stand der Diskussion und rechtspolitische Überlegungen zur Einführung einer audiovisuellen Dokumentation strafgerichtlicher Hauptverhandlungen, in: Hoven, Elisa/Kudlich, Hans (Hrsg.), Digitalisierung und Strafverfahren, 2020, S. 151

Salditt, Franz, Grundlagen des Zeugenbeweises im Strafrecht, StraFo 1990, 54

— Der Gesetzgeber und die Beurkundung der Hauptverhandlung, Festschrift für Lutz Meyer-Goßner, München 2001, S. 469

Sautner, Lyane, Videotechnologie im Strafverfahren: Kommunikation, Dokumentation und Reproduktion, Juristische Blätter [JBl] 2019, 210

Schletz, Jan, Die erweiterte Revision in Strafsachen, Baden-Baden 2020

Schmitt, Bertram, Die Dokumentation der Hauptverhandlung. Ein Diskussionsbeitrag, NStZ 2019, 1

Schwarze, Friedrich Oskar, Bemerkungen über den Umfang und die Wirkung cassatorischer Entscheidungen, GS 15 (1863), 1

Short, Ernest H.; Florence, B. Thomas & Marsh, Mary Alice, An Assessment of Videotape in the Criminal Courts, 1975 Brigham Young University Law Review [BYU L. Rev.] 423

Stenglein, Melchior, Das Protokoll der Hauptverhandlung, GS 45 (1891), 81

Stuckenberg, Carl-Friedrich, Die Beweiskraft des Sitzungsprotokolls bis zum Nachweis der Fälschung – eine antiquierte Anomalie?, Festschrift für Helmut Rüßmann, Saarbrücken 2013, S. 639

Systematischer Kommentar zur Strafprozessordnung (SK-StPO), hrsg. von Wolter, Jürgen
— Band III, §§ 137–197, 5. Aufl. Köln 2016
— Band V, §§ 246a–295, 5. Aufl. Köln 2016
— Band VII, §§ 333–373a, 5. Aufl. Köln 2018
— Band X, EMRK, 5. Aufl. Köln 2019

Thaman, Stephen, Landesbericht USA, in: Perron, Walter (Hrsg.), Die Beweisaufnahme im Strafverfahrensrecht des Auslands – Rechtsvergleichendes Gutachten im Auftrag des Bundesministeriums für Justiz, Freiburg i.Br. 1995, S. 489

Traut, Marcus/Nickolaus, Christoph, Forderung nach Einführung einer audiovisuellen Dokumentation der Hauptverhandlung, StraFo 2020, 100

— Audiovisuelle Dokumentation der Hauptverhandlung – Die Zeit ist reif, StraFo 2022, 55

Verrel, Torsten, Die Selbstbelastungsfreiheit im Strafverfahren, München 2001

Wehowsky, Ralf, Die Revision im Zeitalter technischer Reproduzierbarkeit, NStZ 2018, 177

— Ausgewählte Aspekte einer audiovisuellen Dokumentation der Hauptverhandlung: Persönlichkeitsrechte und Austauschrichter, StV 2018, 685

— Welche Art von Rechtsmittelsystem wollen wir?, in: Cirener, Gabriele/Jahn, Matthias/Radtke, Henning (Hrsg.), Bild-Ton-Dokumentation und „Konkurrenzlehre 2.0“, Köln 2019, S. 33

Wiener Kommentar zur Strafprozessordnung, hrsg. von Fuchs, Helmut/Ratz, Eckart, 333. Lfg. Wien 2020

Wilhelm, Endrik, Dokumentationspflicht in der Hauptverhandlung – Warum eigentlich?, HRRS 2015, 246

Witting, Peter, Es ist längst schon an der Zeit – Ein Plädoyer für die Dokumentation von Aussageinhalten inner- und außerhalb der Hauptverhandlung, Festschrift für Wolf Schiller, Baden-Baden 2014, S. 691

Wohlers, Wolfgang, Justice must not only be done, it must also be seen to be done. Zur Gewährleistung rechtlichen Gehörs im Revisionsverfahren, in: Wehe dem, der beschuldigt wird…, 34. Strafverteidigertag 2010, Berlin 2011, S. 103

— Rechtliches Gehör im strafrechtlichen Revisionsverfahren, JZ 2011, 78

— Der Verdacht prozessordnungswidriger Beweiserhebung, in: Fischer, Thomas/Hoven, Elisa (Hrsg.), Verdacht, Baden-Baden 2016, S. 253

— Die Rekonstruktion der tatrichterlichen Beweisaufnahme durch das Revisionsgericht. Zu den Auswirkungen einer audiovisuellen Dokumentation der Hauptverhandlung auf die „Ordnung des Revisionsverfahrens“, JZ 2021, 116

Ziegler, Wolfgang, Waffengleichheit im Revisionsverfahren?, Festschrift 25 Jahre Arbeitsgemeinschaft Strafrecht des Deutschen Anwaltvereins, Baden-Baden 2009, S. 930

Zöller, Richard, Zivilprozessordnung, 34. Aufl. Köln 2022

Zeitfracht Medien GmbH
Ferdinand-Jühlke-Straße 7
99095 Erfurt, Deutschland
produktsicherheit@kolibri360.de